꾸쁘린선집 2

술라미/석류석팔찌

꾸쁘린선집 2

술라미/석류석팔찌

꾸쁘린 지음 / 김세일 · 김홍중 옮김

한국학술정보(주)

목 차

술라미1)

당신 손의 반지처럼 나를 당신의 가슴에 두오: 사랑은 죽음처럼 굳건하고, 질투는 죽음처럼 잔혹하다오. 질투의 기세는 타오르는 불길의 기세와 같소. (아가서)2)

1

솔로몬 왕이 중년의 나이인 사십 오세도 채 되지 않았을 때, 그의 지혜와 잘생긴 용모, 호화로운 생활, 그리고 화려한 궁전의 명성은 팔레스타인 땅 밖 멀리까지 퍼져있었다. 아시리아, 페니키아, 상(上) 하(下) 이

---

1) 성서에서 '술라미'라는 단어는 네 가지로 이해된다. 첫째는 열왕기상의 아비삭과 관련된 '슈남의 처녀'로, 둘째는 '술람 지방의 아가씨'로, 셋째는 '솔로몬'의 여성형 이름으로, 넷째는 '대체하다'라는 동사의 명사형이다. 이 책에서는 술라미라는 고유명사로 번역하였다. 실제 이스라엘에서는 술라미 미인 대회가 있을 정도로 아름답고 이상적인 여인의 상징으로 '술라미'라는 이름이 쓰인다.
2) 역자의 번역이 한글 성서본의 문체와 상이할 수 있음.

집트, 고대 타브리즈에서 예멘까지, 이스마르에서 페르세폴리스까지, 흑해 연안과 지중해 섬들에서도 경외심을 가지고 솔로몬의 이름을 불렀다. 그가 살았던 동안에 다른 나라의 왕들 가운데서 그와 같은 왕이 없었기 때문이다.

이스라엘이 이집트 땅에서 나온 지 사백 팔십년이 되고, 솔로몬이 왕위에 오른 지 사 년째 되는 해의 1-2월 무렵에 솔로몬 왕은 모리아산에는 신전을, 예루살렘에는 궁전을 짓기 시작했다. 산과 도시 주변에서 팔만 명의 석공들과 칠만 명의 일꾼들이 쉴 새 없이 일을 했고, 삼만 팔천의 벌목꾼 중에서 만 명이 레바논을 향해 떠났다. 그 곳에서 그들은 중노동을 하며 한 달을 보냈고 그 후 두 달을 쉬었다. 수천 명의 사람들이 벌목된 나무를 뗏목에 실었고, 수백 명의 선원들은 바다를 통해 뗏목들을 야파로 가져갔다. 그 곳에서 세공과 목공에 능한 두로 사람들이 그 나무들을 다듬었다. 기자지역에서 그 정도로 셀 수 없이 많은 인부들이 동원된 적은 카프레, 쿠푸, 멘카우레 같은 파라오들의 피라미드들을 지을 때뿐이었다.,

삼천 육백 명의 감독관들이 작업을 감독하였고 나파노프의 아들 아자리야가 감독관들을 지휘하였다. 그는 냉혹하고 사무적인 사람이었는데, 낮지 않는 속 쓰림에 시달려 전혀 잠을 이루지 못한다는 소문이 나돌았다. 궁전과 사원의 모든 도면들과 기둥과 다락(속죄소)들, 바다 모양의 청동조형물, 창 문양, 벽장식, 그리고 옥좌는 동(銅)공예로 유명한 시돈의 나팔리모프가문 출신인 건축가 히람 아비에 의해 만들어졌다.

칠년이 지난 어느 팔월 무렵에 하나님의 사원이 완성되었고, 십삼 년 후에는 왕궁이 다 지어졌다. 레바논산(産) 삼나무 목재, 사이프러스 나무

와 올리브 나무 널빤지, 백향목, 싯딤산(産) 나무, 다시스산(産) 나무, 판
판하게 깎이고 연마된 값비싼 석재들, 홍포(紅布), 그리고 어의(御衣), 금
으로 박음질된 고운 모시, 푸른 털이 있는 직물, 상아와 붉은 양피, 쇠,
얼룩 마노, 수많은 대리석, 보석들, 황금 사슬, 왕관, 끈, 집게, 그물, 판
때기, 등잔, 물감, 촛대, 황금 경첩, 육 세겔3)이나 나가는 황금 못, 금박
입힌 찻잔과 접시, 조각되거나 모자이크 처리된 장식들, 주조되거나 돌
에 새겨진 사자, 지품천사상(像), 뿔 병, 야자수, 파인애플 형상들……이
모든 것에 보답하기 위해 솔로몬 왕은 건축가의 이름과 같은 두로의 히
람 왕에게 갈릴리 땅의 이십여 개 마을과 도시를 선물했지만 히람 왕은
그 선물을 대수롭지 않게 여겼다. 하나님의 신전과 솔로몬의 왕궁 그리
고 이집트 파라온 수사킴의 딸인 아름다운 왕비 아스티스를 위한 밀로의
궁전은 이렇듯 전례가 없을 정도로 화려하게 만들어졌다. 훗날 계단 난
간과 복도 계단 그리고 악기와 성경 제본을 하는데 쓰인 마호가니는 현
명하고 아름다운 시바의 여왕 발키스가 솔로몬 왕에게 선물해준 것이었
다. 그 외에도 그녀는 향초(香草)와 향유(香油), 이스라엘에서는 그때까
지 어느 누구도 보지 못했던 값비싼 향수를 선물했다.

해마다 왕의 재산은 늘어갔다. 일 년에 세 번씩 왕의 배들이 항구로
돌아왔다: '달시스'호는 지중해를, '히람호'는 흑해를 돌아다녔다. 이 배
들은 상아, 원숭이, 공작, 영양을 아프리카에서 실어 왔고, 이집트에서는
값비싸게 장식된 전차를, 메소포타미아에서는 살아있는 호랑이와 사자와
동물가죽과 모피를, 쿠바에서는 백마를, 오빌에서는 일 년에 육백 육십
달란트의 바르와임산(産) 금가루와 마호가니와 흑단과 백단을, 또 티글

---

3) 역주: 무게 단위.

라트 필레세르 왕이 우정의 증표로 알록달록한 멋진 그림이 그려진 앗시리산(産), 칼라흐산(産) 양탄자를, 니느웨와 니므롯과 사르곤 땅에서는 모자이크 예술품을, 하투아르에서는 멋지게 장식된 천과 두로산(産) 금세공 받침잔과 시돈산(産) 채색유리를 선물 받았고, 밥 엘 만제프 해협 근처의 푼트에서는 이집트의 파라온이 수없이 많은 전쟁을 벌여 차지하려고 했던 희귀한 향료인 감송, 알로에, 사탕수수, 계피, 사프란, 용연향, 사향, 소합향, 풍자향, 몰약 그리고 방향제를 가져왔다.

솔로몬 치세에 은(銀)은 평범한 돌과 같은 가치를 지녔으며, 마호가니는 계곡에서 자라는 평범한 무화과나무보다 비싸지 않았다.

왕은 기드온 강으로 세차게 흐르는 샘물을 산에서 끌어오라 명령하여 얼룩덜룩한 화성암(火成巖)으로 둘러싸인 돌로 된 목욕탕과 대리석 급수대와 시원한 분수들을 설치했고, 궁전 주위에는 정원과 과수원을 지었으며, 바알하몬에는 포도밭을 만들었다.

솔로몬 왕에게는 노새와 마차용 말을 위한 사만 개의 마구간과 기마용 말을 위한 만 이천 개의 마구간이 있었고, 매일 말을 먹이기 위해 지방에서 보리와 짚단을 실어왔다. 살찐 가금류를 빼고도 잘 먹인 열 마리의 농사용 소와 방목장에서 데려온 스무 마리의 농사용 소, 회칠을 한 서른 마리의 암소, 그 밖에 예순 마리의 암소, 또 여러 종류의 포도주 백 바트4), 암양 삼백 마리, 사슴, 샤무아, 고지 영양 등이 있었는데 이 모든 것들은 감독관 열두 명의 손을 거쳐 매일 솔로몬 왕의 식탁과 궁전의 수행원이나 근위병의 식탁에 차려졌다. 전 군대에서 가장 용감하고 강한 오백 명 중에서 선발된 예순 명의 전사들이 교대로 왕궁의 평화를

---

4) 역주: 도량 단위.

지켰다. 솔로몬 왕은 자신의 경호원들을 위해 금박을 씌운 오백 개의 방패를 만들도록 지시했다.

2

왕은 눈에 들어오는 것은 무엇이든지 가졌고 자기 마음에 즐거움을 주는 것은 어떤 것도 마다하지 않았다. 왕에게는 칠백 명의 아내와 삼백 명의 첩이 있었으며, 거기엔 노예나 무희들은 계산되지 않았다. 솔로몬은 그들 모두를 자신의 사랑으로 매혹시켰는데, 이는 그가 신에게서 보통 사람들이 가질 수 없는 지칠 줄 모르는 정력을 받았기 때문이었다. 그는 하얀 얼굴과 검은 눈동자 그리고 마치 수선화와도 같이 빨리 매혹적으로 피어났다가 바로 시드는 붉은 입술의 아름다운 히타이트 소녀들을 좋아했었다. 또 그는 뻣뻣한 곱슬머리에 팔목에는 황금 사슬 팔찌를 하고 어깨엔 황금 고리를 걸치고 양쪽 발목엔 가는 사슬들로 만들어진 고리를 차고 있는 거무스름하고 큰 키의 격정적인 팔레스타인 소녀들을 좋아했으며, 나무랄 데 없는 차림을 한 상냥하고 작고 유연한 아모리야 소녀들(그들이 사랑할 때 보여주는 충실함과 순종은 속담에도 나와 있다), 그리고 자신의 눈을 물감으로 길게 늘여놓고 이마와 뺨에 푸른 별을 새겨 넣은 아시리아 여인들을 좋아했다. 그리고 교양 있고 쾌활하며 또 재치 있고 춤과 노래를 잘 하며 북에 맞추어 하프와 류트와 피리를 잘 연주할 수 있는 시돈의 여인들을 사랑했으며, 지칠 줄 모르는 사랑과

끝없는 질투심을 가진 노란 피부의 이집트 여인들을 좋아했고, 특별한
연고를 사용해 몸의 털을 제거해서 옷을 입었을 때 온 몸이 대리석처럼
미끈한 관능적인 바빌론 여인들을 좋아했었다. 박트리아의 처녀들은 머
리카락과 손톱을 붉게 타오르는 색으로 염색했고 통바지를 입었다. 말이
없고 수줍음을 타는 모압 여인들은 가장 더운 여름밤에도 차가운 근사한
가슴을 가지고 있었다. 낙천적이고 사치를 부리는 암몬 여인들은 붉은
머리카락과 어둠 속에서도 반짝일 정도로 하얀 육체를 가지고 있었다.
황갈색의 머리카락과 부드러운 내음을 풍기는 피부를 가진 은은한 푸른
눈동자의 여인들은 북쪽에서 발벡을 통해 데려왔는데, 팔레스타인에 사
는 사람들은 그들의 언어를 이해하지 못했다. 그 외에도 왕은 수많은 유
다와 이스라엘 여인들을 좋아했다.

또 솔로몬은 미모, 지혜, 재물 그리고 다양한 사랑의 기술에 있어서
세상의 어떤 여인들보다 뛰어나다는 시바의 여왕 발키스 마케다와 함께
잤으며, 늙은 다윗 왕을 달아오르게 했던 상냥하고 조용한 천하일색 수
넴 여인 아비삭과도 잠자리를 나누었다. 그녀로 인해 솔로몬은 여호야다
의 아들 바니의 손을 빌어 자신의 맏형 아도니아를 죽였다.

그리고 술라미라는 이름을 가진 포도밭의 가난한 처녀와도 관계를 맺
었는데, 왕은 모든 여인들 중 그녀 하나만을 진심으로 사랑했었다.

솔로몬은 가장 좋은 삼나무를 써서 마차를 제작케 하였는데, 그 마차
에는 은 기둥과 누워있는 사자모양의 황금팔걸이가 달리고 적자색의 두
로산 천으로 만든 차양이 설치되었다. 전체 차양 내부는 금실과 보석(이
스라엘 처녀와 여인들의 사랑의 선물)들로 치장되었다. 성대한 축제에서
건장한 흑인 노예들이 솔로몬을 받들어 군중들 속으로 들어갈 때 실제로

왕은 샤론 골짜기의 백합화처럼 아름다웠다!

그의 얼굴은 매우 하얗고, 입술은 마치 선명한 진홍색 리본 같았다. 물결치는 머리카락은 검은빛을 띠었으며, 그 속에서 아에르몬의 검고 높은 바위에서 떨어지는 산골짜기의 은빛 시내처럼 흰 머리카락이 지혜의 장식물로써 번득거렸다. 또한 아시리아 왕들이 하던 대로 작은 다발들을 규칙적으로 둘둘 만 검은 구레나룻 속에서도 흰 수염이 번득였다.

왕의 눈은 가장 짙은 색의 마노나 달이 없는 여름밤의 하늘처럼 검었으며, 속눈썹이 검은 별 주위의 검은 광선처럼 위 아래로 펼쳐졌다. 자신의 눈을 내리깔지 않고 솔로몬의 시선을 견뎌낼 수 있는 사람은 세상에 아무도 없었다. 왕의 눈동자에서 비춰진 분노의 섬광은 사람들을 땅에 엎드리게 하였다.

하지만 행복한 순간도 있었다. 사랑이나 포도주 또는 권력의 즐거움에 도취되거나, 적절하게 내뱉어진 현명하고 아름다운 말에 왕이 기뻐할 때가 그러한 때였다. 그러면 그의 긴 눈썹은 반쯤 조용히 내려와 빛나는 얼굴에 푸른 그늘을 드리우게 하였고, 상냥하고 부드러운 웃음은 검은 다이아몬드처럼 불꽃이 이는 듯한 왕의 눈 속에서 따뜻한 불길처럼 달아올랐다. 왕의 미소를 본 사람들은 그 미소를 위해 몸과 마음을 내어놓을 준비가 되어있었다. 뭐라 형언할 수 없을 정도로 왕의 미소는 멋있었다. 솔로몬 왕의 이름을 크게 부르는 것은 사랑의 밤을 연상시키는 엎질러진 몰약 향기와도 같이 여인들의 마음을 뒤흔들었다.

왕의 손은 부드럽고 희었으며 여인의 그것과도 같이 따뜻하고 아름다웠지만, 손바닥으로 환자의 정수리를 쓰다듬으면 두통이나 경련, 우울증 그리고 불면증을 치유할 수 있을 정도로 넘치는 삶의 힘이 그 손에 모여 있었다.

솔로몬은 왼손 검지에 여섯 개의 진주 빛 광선을 쏟아내는 피처럼 붉은 별 모양의 반지를 끼고 있었다. 이 반지는 수백 년 된 것인데, 뒷면에는 사라진 고대 민족의 언어로 ≪모든 것은 지나간다≫라는 말이 새겨져 있었다.

동물들조차 순종할 정도로 솔로몬 왕이 가진 영혼의 힘은 위대했다. 그가 동물 우리로 들어가면 사자나 호랑이는 왕의 다리 아래로 기어와 왕의 무릎에 머리를 비벼대면서 자신의 거친 혀로 왕의 손을 핥았다. 왕은 보석의 빛나는 색들이 어우러지는 것과 가벼운 천의 부드러운 감촉과 정교하게 만들어진 니누안 성배에 담겨 있는 거품이 이는 붉은 포도주의 미묘한 맛을 즐겼다. 또한 그는 사자의 거친 갈기, 벨벳 같은 흑 표범의 등, 어린 점박이 표범의 부드러운 발을 쓰다듬는 것, 맹수들의 포효를 들으면서 그들의 강하고 아름다운 동작을 통해 맹수들의 뜨거운 숨결을 느끼는 것을 좋아했다.

솔로몬 시대의 사관(史官)인 아힐룻의 아들 여호사밧은 이렇게 그를 묘사했다.

3

"네가 스스로 생각하여 오래 사는 것이나, 부유한 것이나, 원수 갚는 것을 바라지 아니하고, 지혜를 바랐으니, 이제 나는 네 바람대로 하리

라. 이제 나는 네게 지혜롭고 총명한 마음을 준다. 너와 같은 사람은 네 이전에도 없었고, 네 이후에도 없을 것이다.")5)

신이 솔로몬에게 그렇게 말했고, 신의 말씀을 통해 솔로몬 왕은 세상의 구성과 자연의 움직임을 알게 되었다. 시간의 처음과 끝 그리고 중간을 이해했으며, 만사가 영원히 굽이치고 급변하며 반복된다는 비밀을 알게 되었다. 그는 천문학자인 비블로스, 아끄라, 사르곤, 보르시파 그리고 니느웨에게서 별의 배치가 변하는 것과 계절에 따른 운행을 살펴보는 법을 배웠다. 그는 모든 생물의 본질을 알고 있었고, 동물의 감정을 알아내곤 했으며, 바람의 생성과 방향 그리고 식물의 여러 특징들과 약초의 효능을 알고 이해하고 있었다.

인간의 마음은 깊은 물과도 같지만 지혜로운 왕은 그것을 간파할 수 있었다. 말과 목소리, 눈동자 그리고 손의 움직임에서 왕은 감추어진 영혼의 비밀을 마치 펼쳐진 책에 쓰인 문자들처럼 분명하게 읽어냈다. 그래서 팔레스타인 사방에서 수많은 사람들이 재판이나 충고, 도움, 분쟁의 해결을 부탁하거나, 이해하기 힘든 조짐이나 꿈을 풀이하기 위해 왕을 찾아오곤 했다. 그리하여 사람들은 솔로몬 왕이 하는 대답들의 깊이와 예리함에 놀라곤 했던 것이다.

솔로몬은 삼천 개의 잠언구와 오천 개 가량의 노래를 지었다. 그는 그것들을 시바의 아들인 두 명의 민첩하고 숙련된 사관(史官) 엘리호페르와 아히야에게 불러주었고, 나중에 이 두 명이 쓴 것을 비교하곤 했다. 그는 항상 자신의 생각을 세련되게 표현했다. 잘 다듬어진 말은 투명한 붉은색 줄무늬 마노로 만든 그릇 속에 담겨 진 사과와 같고, 현명하고

---

5) 역주: 열왕기상 3장 11. 12절.

재치 있는 말은 바늘이나 못처럼 정곡을 찌르기 때문이다. 한 사람의 정
신적 지도자가 이 모든 것들의 저자였다. ≪말은 마음의 변화 속에 있는
불꽃이다≫라고 왕은 말했다. 왕의 지혜는 모든 동방의 후손들과 모든
이집트인들의 지혜보다 더 높았다. 또 솔로몬은 예스라 사람 예단이나
마홀의 아들들인 헤만, 갈골 그리고 다르다 보다 더 지혜로웠다. 그는
보통의 인간이 지니는 지혜의 아름다움에 먼저 이끌렸지만, 그의 눈에
그러한 지혜가 더 이상 예전의 가치를 가지지는 않았다. 그는 맹렬히 타
오르는 지성으로 높은 차원의 지혜를 갈망했다. 땅이 생겨나기 전인 태
초부터, 옛날 모든 피조물들 이전에 신이 계획했던 그런 고차원의 지혜
나, 또 신이 심연의 모양을 따라 둥근 선을 그을 때처럼 세계 창조에서
위대한 예술가의 역할을 하는 그러한 지혜에 이끌렸던 것이다. 그렇지만
솔로몬은 그런 지혜를 발견하진 못했다.

왕은 칼데아와 니느웨에서 온 마법사들의 가르침을 받았으며, 아비도
스, 사이스, 멤피스에서 온 점성술사들의 학문과 마법사들, 아시리아의
마술사들 그리고 박트라와 페르세폴리스에서 온 예언자들의 신비를 연구
했고, 그들의 지식이 인간의 지식임을 확인했다.

또한 그는 고대 이교도 신앙의 신비의식(神秘儀式)에서도 지혜를 찾으
려 했었다. 그래서 이교도 사원을 방문했고, 멜카르트라는 이름으로 불
리기도 했던 창조와 파괴의 신이자 뱃사람의 수호자인 강력한 바알 신에
게 제물도 바쳤다. 그는 시바 오아시스의 우상이 축제 행렬의 방향을 지
시하며 고개를 끄덕였다던 두로와 시돈에서는 바알을 아몬으로 불렀으
며, 칼데아인들을 벨로로, 하난인들을 몰록이라 불렀다. 솔로몬은 또 바
알의 아내이자, 무섭고 정욕에 찬 아스다롯에게도 경의를 표했다. 다른

사원들에서 아스다롯은 이쉬타르, 이사르, 바알티스, 아쉐라, 이스타르 벨리트, 아타르가티스라는 이름을 가지고 있었다. 어머니의 자궁 속에서 남매끼리 결혼해 거기서 호루스 신을 잉태했던 이집트의 이시스와 오시리스를 위해 솔로몬은 전나무를 내려 향을 피웠고, 두로의 물고기 형상을 한 데르케토 신과 개의 머리를 한 미이라의 신 아누비스와 바빌론의 오안, 팔레스타인의 다곤, 아시리아의 아브데나고, 니느웨의 우상 우트사브, 암울한 키벨, 바빌론의 수호신 벨메로도크, 별의 신 쥬피터, 칼데아의 영원한 불의 신 오르, 신들의 어머니이자 벨을 두 동강 내어서 땅과 하늘을 만들고 머리로는 사람들을 만들었던 비밀의 오모록 신을 참배했다. 또 왕은 아타나이스 여신에게도 경배했다. 이 여신의 이름으로 페니키아, 루딤, 아르메니야, 페르시아의 처녀들은 사원 입구에서 마치 성스러운 제물처럼 자신의 육체를 행인들에게 내어주곤 했다.

그러나 왕은 이교도 제의에서 음주와 난교, 색욕, 근친상간, 변태적인 정욕 외에는 아무것도 발견할 수가 없었고, 그들의 교리에서 공허한 미사여구와 기만을 보았다. 그렇지만 왕은 피지배자들이 자신들이 좋아하는 신에게 제물을 바치는 것을 막진 않았고, 심지어 한 때 왕의 사랑을 받는 아내였던 아름답고 사려 깊은 모압 여인 엘라안의 청에 따라 왕자신이 올리브 산에 모압인의 더러운 신 하모스의 사원을 짓기도 했다. 그러나 오직 하나만은 솔로몬이 참지 못하고 끝까지 금지시켰는데, 그것은 아이들을 제물로 삼는 것이었다.

그러한 섭렵을 통해 솔로몬 왕은 인간 자손들의 운명과 동물들의 운명이 동일하다는 것을 깨달았다. 사람도 죽고 동물도 죽으며, 모두 숨을 쉬며, 인간이 동물보다 우월한 점이 없었다. 그래서 왕은 많은 지혜 속에는 수많은 슬픔이 존재한다는 것과 더 많이 인식하는 사람은 더 많은 슬픔을 가지고 있다는 것을 알았다. 또한 왕은 때때로 웃음 때문에도 마음이 아프기도 하고, 슬픔은 기쁨의 종결이라는 것도 알게 되었다. 어느 날 아침 왕은 엘리호페르와 아히야에게 처음으로 이런 말을 받아쓰게 했다: 전도서는 그것을 ≪모든 것이 헛되고 헛되도다. 영혼의 지침뿐이다≫라고 전하고 있다.

하지만 그 당시 왕은 열정적이고 상냥하며 헌신적인 아름다운 사랑을 신이 곧 그에게 보내 주리라는 것을 몰랐다. 그 사랑은 부나 명예나 지혜보다도 귀하고, 값으로 매길 수도 없고, 죽음도 두려워하지 않는 사랑이었기에 삶 자체보다도 값진 것이었다.

4

왕의 포도밭은 몰로흐 이교도 사원으로부터 서쪽 방향에 있는 밧엘합 산 남쪽 사면의 바알하몬이란 곳에 위치해 있었다. 깊은 생각에 잠길 때 왕은 그 곳으로 가서 혼자 있기를 좋아했다. 삼나무와 사이프러스 나무들 사이에 엇갈려서 석류나무, 올리브, 야생 사과들이 산을 따라 포도밭의 세 면을 둘러싸고 있었고, 포도밭의 나머지 한 면에는 높은 돌담장길이 나 있었다. 주위의 다른 포도밭들 역시 솔로몬의 것이었다. 그는 파수꾼들에게 그것들을 각각 은화 천 닢에 소작을 주었다.

새벽이 되어서야 궁전의 화려한 잔치는 끝이 났다. 이스라엘 왕이 아시리아의 유명한 왕 티글라트 필레세르의 사신들을 위해 주연을 베풀었

던 것이다. 피곤했지만 솔로몬은 그날 아침잠에 들 수가 없었다. 포도주
도 시케르도 아시리아인들의 굳건한 이성을 흐리게 만들지 못했고 그들
의 달변을 누그러뜨리지도 못했다. 하지만 지혜로운 왕의 예리한 통찰력
은 이미 그들의 계획을 앞서가서 오만한 눈매를 가지고 입 발린 소리를
하는 높은 지위의 사람들이 걸려들게끔 섬세한 정치적 그물을 쳐놓았다.
솔로몬은 아시리아의 통치자와 필요한 선린 관계를 유지했으며, 이와 동
시에 두로왕 히람과의 영원한 우정 때문에 그의 왕국을 약탈로부터 구해
주었다. 오래 전부터 동방의 지배자들은 건물이 밀집해 들어서 있는 좁
은 거리의 지하실에 숨겨놓은 히람의 수많은 재물에 탐욕스런 눈독을 들
이고 있었다.

새벽에 솔로몬은 곧장 밧엘합산으로 이동해서 가마꾼들을 길에서 멀리
떨어져 있게 하고는 포도밭 높은 지대의 나무 그늘 밑에 놓여 있는 평
범한 목재의자에 혼자 앉아 있었다. 나무는 밤새 내린 이슬을 아직도 가
지에 머금고 있었다. 왕이 입은 평범한 흰 가운은 두 개의 이집트식 쇠
고리가 오른쪽 어깨와 왼쪽 옆구리에 매어져 있었는데, 쇠고리는 세바흐
신의 상징인 뒤집어진 악어 형상을 하고 녹색 빛을 내는 금으로 만들어
진 것이었다. 왕의 손은 움직이지 않은 채 무릎 위에 얹혀있었고, 깊은
생각에 잠긴 눈동자는 미동도 없이 사해(死海)를 향해 동쪽으로 고정되
어 있었다. 그 곳 아나제산의 둥그런 정상 뒤편에서 여명의 불꽃 속으로
태양이 떠올랐다.

아침 바람이 동쪽에서 불어 개화기의 무르익은 포도나무 냄새와 목서
초의 고상한 향기를 이리저리 실어 왔고, 짙은 색의 사이프러스 나무는
뾰족한 꼭대기를 도도하게 흔들거리며 자신의 수액을 내뿜었고, 은록색

의 올리브 잎들은 재촉하듯 요란스럽게 소리를 내고 있었다.

그런데 솔로몬이 갑자기 일어서더니 귀를 기울였다. 마치 이슬 머금은 아침처럼 또렷하고 맑은 상냥한 여자 목소리가 나무 뒤 어딘가 멀지 않은 곳에서 노래를 부르고 있었다. 똑 같은 대여섯 소절이 반복되면서 단조롭고 부드러운 멜로디가 마치 산 속의 졸졸 흐르는 시냇물처럼 들려왔다. 단순하지만 품위 있는 매력을 지닌 왕의 눈가에 조용한 호감의 미소가 떠올랐다.

목소리가 점점 더 가깝게 들려왔다. 왕은 넓게 벌어져 있는 삼나무와 짙은 녹색의 노간주나무 뒤에 서 있었다. 그때 왕은 손으로 조심스럽게 나뭇가지를 헤치고 관목 덤불 사이를 조용히 비집고 들어가 공터로 나왔다. 크고 노란 돌들을 대충 쌓아 만든 낮은 담장 뒤로 포도밭이 위쪽을 향해 펼쳐져 있었다. 푸른색의 가벼운 옷을 입은 소녀가 포도 넝쿨 사이를 거닐면서 무언가를 피해 아래로 숙였다가 다시 곧추서면서 노래를 부르고 있었다. 그녀의 진홍빛 머리카락은 태양 빛을 받아 타오르고 있었다.

≪한낮은 상쾌하게 저물어가고,
밤 그림자는 달려갑니다.
내 사랑, 서둘러 돌아오세요,
마치 샤무아6)나,
산골짜기의 젊은 사슴처럼.≫

그녀는 포도나무의 넝쿨들을 엮으며 노래를 부르면서, 천천히 왕이 서있는 돌담 아래로 점점 가까이 다가왔다. 그녀는 혼자였고 듣고 있거나

---

6) 역주: 소목, 소과에 속하는 염소처럼 생긴 동물, 유럽과 중동에 서식.

보고 있는 사람은 없었다. 그녀는 포도나무 꽃향기와 즐거운 아침의 상
쾌함과 가슴 속의 뜨거운 피에 도취해 있었고, 천진한 노랫말들이 순간
적으로 그녀의 입에서 생겨나서 바람에 실려 영원히 사라져갔다.

≪여우 한 쌍을 잡아주세요,
그들이 우리 포도밭을 망친답니다,
그래도 우리 포도밭에는 꽃들이 만발해요.≫

그녀는 왕이 있는 것을 알아채지 못한 채 돌담으로 다가오더니 가볍
게 포도 덩굴을 따라 산으로 올라가다가 다시 뒤로 돌아갔다.

≪달려요, 사랑하는 당신,
마치 향기로운 산 속에 있는
샤무아처럼
아니면 젊은 사슴처럼.≫

그러다가 갑자기 그녀가 노래를 멈추더니 땅으로 몸을 숙였다. 그래서
포도밭 뒤로 그녀의 모습이 사라졌다.
그때 솔로몬이 귀를 간질이는 듯한 목소리로 말했다.

"소녀여, 내게 네 얼굴을 보이거라. 네 목소리를 계속 듣고 싶구나."

그녀는 재빨리 일어나서 얼굴을 돌려 왕을 바라보았다. 그 순간 강한
바람이 불어 그녀를 감싸고 있던 가벼운 옷을 헝클어뜨렸고, 옷은 예기
치 않게 그녀의 몸과 다리 사이에 감겨 붙었다. 열세 살 청춘의 크고 늘

씬한 몸은 옷 안에 감추어져 있었으나 마치 옷을 걸치지 않은 듯 했다. 그녀가 바람에 맞서고 있는 동안 왕은 그녀의 온몸을 바라보았다. 그녀의 가슴은 작지만 둥글고 단단했으며, 볼록 튀어나온 유두는 옷감을 부풀어 오르게 해 주름을 잡히게 했다. 소녀의 배는 찻잔처럼 볼록했으며, 깊게 패인 선이 그녀의 다리 가운데를 위아래로 구별시켜 두 개의 넓적 다리가 두드러져 보였다.

"네 목소리는 달콤하고, 네 얼굴은 보기에 좋구나!" 술로몬이 이렇게 말했다.

그녀는 가까이 다가와 흥분으로 가볍게 떨며 왕을 바라보았다. 그녀의 거무스름하고 선이 굵은 얼굴은 표현할 수 없을 정도로 아름다웠다. 숱 많은 적황색의 부피감 있는 머리에는 붉은 양귀비 꽃 두 송이가 꽂혀 있었다. 탄력 있는 수많은 곱슬머리가 그녀의 어깨를 덮으며 등을 타고 내려왔다. 태양빛을 받은 머리카락은 황자색으로 타오르고 있었다. 말린 붉은 색의 어떤 열매들로 만든 수제 목걸이가 애처롭고도 천연덕스럽게 그녀의 가늘고 기다란 검은 목을 휘감고 있었다.

"난 당신을 본 적이 없어요!" 상냥하게 말하는 그녀의 목소리는 마치 플루트 소리처럼 울렸다. "당신은 어디서 왔죠?"

"소녀야, 넌 아주 노래를 잘 부르는구나!"

부끄러운 듯 눈을 내려 깔고 온 몸이 붉어졌지만 그녀의 긴 속눈썹 아래와 입술 끝에는 남모를 미소가 떠올랐다.

"너는 사랑하는 사람에 대한 노래를 불렀었지. 그 사람이 샤무아나 젊

은 사슴처럼 가볍다고 말이야. 그럼 네가 사랑하는 그 사람은 매우 잘 생
겼겠구나, 소녀야, 그렇지 않느냐?"

그녀는 마치 은빛의 얼음 덩어리가 황금 식기에 떨어지는 소리같이
맑고 듣기 좋게 웃었다.

"전 사랑하는 사람이 없어요. 이건 노래일 뿐이에요. 제겐 아직 사랑하
는 사람이 없어요......"

그들은 잠시 대화를 멈춘 채 웃음기 없이 서로를 바라보았다...... 새들
은 나무들 사이에서 큰 소리로 지저귀고 있었다. 때때로 소녀의 가슴이
낡은 아마천 밑에서 꿈틀거렸다.

"아름다운 아가씨, 난 네 말을 믿지 않아. 넌 이렇게 예쁜데......"

"절 놀리시는군요. 제가 얼마나 검은지 보세요......"

그녀가 검은 팔을 위로 들어 올리자 넓은 소매 자락이 어깨 쪽 아래
로 흘러내리면서 섬세하고 둥근 처녀의 모습을 가진 그녀의 팔꿈치를 드
러냈다.

그녀가 쓸쓸하게 말했다.

"오빠들이 내게 화가 났지요. 그래서 내게 포도밭을 지키라고 했어요.
이것 보세요. 태양에 얼마나 그을렸는지를!"

"오, 그렇지 않아. 태양은 널 더 아름답게, 여자들 중에서 가장 아름답
게 만들었다! 이렇게 네가 웃을 때 네 치아는 마치 방금 씻은 하얀 어린
양들이 서 있는 것 같고, 어느 것 하나 흠잡을 것이 없다. 네 곱슬머리 밑

에 있는 뺨은 마치 반 조각의 석류 같구나. 또한 네 입술은 붉어서 그것을 바라보는 것만으로도 즐겁다. 게다가, 네 머리카락은… 네 머리카락이 무엇을 닮았는지 아느냐? 저녁에 양떼가 갈르멧산을 내려오는 것을 본 적이 있느냐? 산 정상에서부터 아래까지 온 산을 뒤덮은 양떼는 마치 네 곱슬머리와도 같이 석양빛과 물보라에 붉게 물들어 곱슬곱슬하게 여겨진단다. 네 깊은 눈동자는 마치 바드랍빈 성문 옆에 있는 두 개의 헤스본 호수 같구나. 아, 네가 얼마나 아름다운지! 네 목은 마치 다윗 왕의 탑처럼 곧고 늘씬하구나……!"

"다윗왕의 탑이라고요!" 그녀는 황홀해 하며 되풀이 한다.

"그래, 넌 모든 여자들 중에서 가장 아름답다. 다윗 왕의 탑에는 천여 개의 방패가 걸려있는데 그 방패들은 모두 그에게 패한 자들의 것이지. 이제 내 방패를 너의 목에 걸겠다……"

"점점 더 심한 말을 하는군요……"

"네가 내 소리에 뒤를 돌아보았을 때 마침 바람이 불었지. 그 때 난 옷 아래 있는 너의 두 유두를 보고는 《여기 백합화 사이에서 풀을 뜯는 두 마리의 작은 샤무아가 있구나》라고 생각했다. 네 몸매는 야자나무 같고, 네 가슴은 포도송이를 닮았구나."

소녀는 힘없이 소리를 지르며 손바닥으로 얼굴을 가렸지만 가슴과 팔꿈치는 붉어졌고 심지어 귀와 목은 자주색이 되어 버렸다.

"또 난 네 허벅지를 보았지. 솜씨 있는 도공이 만든 값진 항아리처럼 매끈하더구나. 손을 치우고 네 얼굴을 보여 다오."

그녀는 순순히 손을 아래로 내렸다. 솔로몬의 눈에서 진한 황금색의 광채가 나와 그녀를 매혹시켜 그녀의 머리를 어지럽게 만들었고, 그녀의 온 피부를 따라 달콤하고 따뜻한 전율이 퍼뜨렸다.

"당신이 누군지 말해주겠어요?" 그녀는 머뭇거리며 천천히 말했다. "전 당신 같은 분은 본 적이 없어요."

"난 목동이란다. 내 아름다운 여인. 난 수선화들이 만발한 푸른 초원이 있는 산에서 멋진 흰 양들을 기르고 있지. 내 목장으로 와주겠느냐?"

그러나 그녀는 조용히 머리를 흔들었다.

"정말 제가 그 말을 믿으리라고 생각하세요? 당신의 얼굴은 바람에 시들지도 않았고, 태양에 그을리지도 않았죠. 또 당신 손은 하얗고요. 당신은 튜니카[7]를 입었는데, 거기 달린 혁대 장신구는 제 오빠들이 왕실 수금원 아도니람에게 바치는 우리 포도밭에 대한 일년 치 대금의 가치는 될 거예요. 당신은 저 담 너머에서 오셨죠...... 혹시 당신은 왕의 가까운 사람들 중 하나가 아닌가요? 언젠가 큰 축제 때 당신을 본 것 같기도 하군요. 심지어 내가 당신 마차 뒤를 따라가기도 했던 것 같아요."

"소녀야, 네 말이 맞다. 네겐 숨길 수가 없구나. 정말이지 왜 너 같은 처녀가 목장의 짐승들이나 돌봐야 하는지 모르겠다. 그래, 나는 왕의 수행

---

7) 역주: 고대 그리스·로마 사람의 소매가 짧고 무릎까지 내려오는 속옷.

원 중 하나인 왕의 주임 요리사다. 그래서 유월절에 내가 아미노답의 마차를 타고 가는 것을 네가 보았을 게야. 그런데 왜 그렇게 멀리 떨어져 서 있느냐? 누이여, 더 가까이 오너라! 여기 돌담 위에 앉아서 뭐든 좋으니 자신에 대해 말해보아라. 네 이름은 무엇이냐?"

"술라미예요." 그녀가 말했다.

"술라미, 뭣 때문에 오빠들이 네게 화가 났지?"

"그건 말하기 부끄러워요. 오빠들은 포도주 대금을 받아서 염소 치즈와 빵을 사오라고 도시로 절 보냈죠. 그런데 전......"

"네가 돈을 잃어 버렸구나?"

"아뇨, 더 나빠요......"

그녀는 머리를 낮게 숙이고 속삭였다.

"빵과 치즈 말고도 전 약간의 물건을 샀죠. 구(舊)시가지에 있는 이집트인에게서 장미유를 아주 조금 샀어요."

"그런데 넌 그걸 오빠들에게 숨겼구나?"

"예......"

그리고 그녀는 겨우 들릴만한 소리로 말했다.

"장미기름은 정말 향기가 좋아요!"

왕은 그녀의 작고 까칠한 손을 부드럽게 쓰다듬었다.

"너 혼자 포도밭에 있는 것이 지루하겠구나?"

"그렇진 않아요. 일도 하고 노래도 부르고...... 한낮에는 먹을 것을 가져다주지요, 그리고 저녁에는 오빠들 중 하나가 저와 교대를 해요. 때로는 작은 사람 형상을 한 만다라화 뿌리를 파기도 하지요. 우린 그것들을 칼데아에서 온 상인들에게 팔아요. 그들은 그걸로 몽환제를 만든다고들 하던데...... 정말로 만다라화 열매는 사랑하는데 도움을 주나요?"

"그렇지 않다. 술라미. 사랑하는 데는 사랑만이 도움을 주지. 그런데 부모님은 계시느냐?"

"엄마 혼자예요. 아빠는 이년 전에 돌아가셨어요. 오빠들은 첫 번째 결혼에서 태어났고, 저와 여동생은 두 번째 결혼에서 태어났죠."

"네 동생도 너처럼 아름다우냐?"

"아직 그 애는 어린걸요. 겨우 아홉 살이에요."

왕은 웃으면서 조용히 술라미를 껴안아 자기 쪽으로 가까이 오게 한 뒤 그녀의 귀에 대고 말했다.

"아홉 살이라...... 즉, 동생에게는 네게 있는 이런 가슴이 없다는 말이구나? 이렇게 근사하고 뜨거운 가슴이!"

그녀는 부끄러움과 행복함으로 달아오르면서 아무 말도 하지 않았다.

반짝이던 그녀의 눈은 침침해졌고, 촉촉한 미소로 흐릿해진다. 손으로 전달되는 그녀의 격렬한 심장 박동이 왕에게 들렸다.

"네 옷에서 몰약이나 감송보다 좋은 향기가 나는구나." 그는 그녀의 귀에 뜨거운 입으로 키스하며 이렇게 말했다. "네 숨소리를 들을 때면 숨결에서 사과향이 느껴진다. 내 누이, 내 사랑, 너는 눈매 하나로, 목에 건 목걸이 하나만으로 내 마음을 사로잡았구나."

"아, 저를 그렇게 바라보지 마세요!" ― 술라미가 부탁했다 ― "당신의 눈이 저를 뒤흔드는군요."

하지만 그녀 자신은 등을 뒤로 편 채 솔로몬의 가슴에 머리를 얹었다. 반짝이는 치아 위에서 그녀의 입술은 홍조를 띠었고 눈꺼풀은 견디기 힘든 갈망으로 떨렸다. 솔로몬은 그녀의 벌어진 입술에 자신의 입을 정열적으로 밀착시켰다. 그녀의 입술에서 나는 열기와 그녀의 매끈한 치아와 달콤하고 촉촉한 혀를 느끼면서 그는 자신이 한 번도 경험하지 못했던 참을 수 없는 욕망으로 인해 온 몸이 달아올랐다.

그렇게 잠시 동안의 시간이 지나갔다.

"어쩌려는 거죠!" 눈을 감으면서 술라미가 힘없이 말했다. "뭘 하려는 거죠!"

하지만 솔로몬은 바로 그 입에다 대고 열정적으로 속삭였다.

"네 입에는 꿀이 가득 차 있구나, 신부여, 꿀과 우유가 네 혀 아래에 있다...... 오, 어서 내게 오너라. 여기 담 뒤쪽은 어둡고 시원하단다. 누구도 우릴 보고 있지 않아. 삼나무 아래의 잔디는 부드럽단다."

"아뇨, 안돼요, 날 그냥 두세요. 전 원하지도 않고 할 수도 없어요."

"술라미… 넌 원하고 있어, 바라고 있다고. 내 누이여, 내 사랑하는 여인이여, 내게 오너라!"

왕의 포도밭 담장 길 아래쪽에서 누군가의 발걸음 소리가 들려왔지만 솔로몬은 놀란 소녀의 손을 거세게 잡았다.

"어서 내게 말해다오, 어디에 살고 있지? 오늘밤 너를 찾아 가겠다." 그가 재빨리 말했다.

"아뇨, 안돼요, 안돼…… 난 당신께 말할 수 없어요. 날 놔주세요. 나는 말하지 않을 거예요."

"술라미, 네가 말할 때까지 널 놓아주지 않겠다…… 난 널 원해!"

"좋아요, 말할게요…… 하지만 먼저 오늘밤은 오지 않겠다고 약속하세요. 또 내일 밤도, 그 다음날 밤에도 오지 마세요. 내 주인님! 당신이 샤무아나 들판의 사슴이 되도록 빌겠어요. 사랑하는 여인이 원하지 않을 때는 그녀를 두렵게 하진 마세요!"

"좋아, 그건 약속하지… 네 집이 어디지, 술라미?"

"당신이 실로암 연못 위에 있는 다리를 따라 키드론 계곡을 통과해서 도시로 오는 길을 아신다면 샘물 근처에서 저희 집을 볼 수 있을 거예요. 거긴 다른 집들이 없거든요."

"술라미, 네 방 창문은 어느 것이지?"

"내 사랑, 그것은 왜 알려고 하지요? 오, 제발 날 그렇게 바라보지 마세요. 당신의 눈은 절 마법에 걸리게 하는군요. 내게 입 맞추지 마세요. 제 발...... 내 사랑! 좀 더 키스해주세요."

"나의 하나뿐인 여인이여, 창문은 어느 것이지?"

"남쪽 창문이에요. 아, 그걸 말할 필요는 없었는데...... 창살이 달린 작고 높은 창문이에요."

"창문은 안에서 열려지겠지?"

"아뇨, 그건 고정되어 있어요. 하지만 모퉁이에 문이 있어요. 문은 나와 동생이 자는 방으로 바로 연결되지요. 하지만 당신은 이미 제게 약속했잖아요! 내 여동생은 잠을 깊게 들지 못해요. 아, 당신은 정말로 잘 생겼어요, 내 사랑. 당신은 약속했어요, 그렇지 않나요?"

솔로몬은 조용히 그녀의 머리와 뺨을 어루만졌다.

"오늘 밤 네게 갈 것이다." 그는 단호하게 말했다. "자정에 가지. 그렇게 될 것이야. 내가 그걸 원하거든."

"내 사랑, 제발!"

"아니, 넌 날 기다리게 될 거야. 무서워하지 말고 날 믿어라. 난 네게 슬픔을 안겨주진 않아. 내가 네게 이 세상 모든 것이 하찮아질 만큼의 기쁨을 줄 것이다. 자, 이젠 헤어져야겠어. 날 찾으러 오는 소리가 들리는군."

"안녕, 내 사랑…… 아니야, 아직 가지 말아요. 당신 이름을 말해줘요. 난 아직 당신 이름을 몰라요."

잠깐 동안이지만 분명히 그의 두 눈은 주저했다. 하지만 곧바로 망설임은 사라졌다.

"내 이름은 왕의 이름과 같아. 솔로몬이라고 하지. 잘 가거라. 널 사랑해."

5

그날 레바논 왕궁의 왕좌에 앉아 자신을 찾아온 사람들을 재판할 때, 솔로몬의 얼굴은 밝고 기쁨으로 가득 차 있었다.

각 열에 네 개씩 있는 마흔 개의 기둥들이 재판소의 기둥을 지탱하고 있었고, 각각의 기둥들은 백합 문양의 대접받침들로 장식되어 있었다. 마루에는 사이프러스 나무 널빤지들이 깔려있었다. 벽은 야자수, 파인애플 그리고 게루빔 조각을 금으로 새긴 삼나무 장식들로 이루어져 있어서 어디서도 돌은 드러나 보이지 않았다. 세 면이 창문으로 된 공간 깊숙이

여섯 개의 계단이 높은 곳의 왕좌로 연결되었고, 각 계단에는 두 마리의 청동 사자가 각각 양 끝에 하나씩 서 있었다. 왕좌 자체는 금으로 상감 (象嵌)된 상아로 만들어졌고 누워있는 사자 모양의 팔걸이가 달려 있었다. 왕좌의 높은 등받이는 황금 원판으로 마감되었다. 보라색과 적자색의 천으로 만들어진 휘장이 천장에서 바닥까지 늘어져 있어 현관과 재판장 입구를 분리시켰다. 현관의 다섯 개 기둥들 사이에 고소인들, 탄원인들, 증인들이 북적이고 있었고, 또 피고인들과 죄인들은 힘센 호위병들의 통제를 받고 있었다. 왕은 붉은색 가운을 입고, 머리에 금박을 입힌 예순 개의 벽록석으로 만들어진 작고 간결한 왕관을 쓰고 있었다. 왕좌 오른편에는 왕의 어머니 밧세바를 위한 자리가 놓여 있었지만 최근에 그녀는 나이가 많아서 도시에 잘 나타나지 않았다.

까칠한 검은 구레나룻이 있는 아시리아의 사절들은 벽을 따라 놓여있는 벽옥 의자에 앉았다. 그들은 밝은 올리브색의 옷을 입고 있었는데, 그 옷 끝자락이 붉고 흰 문양들로 박음질 되어 있었다. 이미 모국 아시리아에서 솔로몬의 재판에 대해 수없이 이야기를 들었던 그들은 나중에 이스라엘 왕의 법정에 대해 이야기 해주기 위해 솔로몬이 하는 말을 한마디도 놓치지 않으려고 애썼다. 그들 사이에는 솔로몬의 장군들과 장관들 그리고 각 지방의 수령들과 궁인들이 앉아 있었다. 그들 중엔 언제가 왕의 사형집행인으로써 요압, 아도니아, 세메야를 죽인 바니가 이제는 성기고 긴 흰 수염을 가진 크지 않은 키의 뚱뚱한 장군이 되어 자리를 잡고 있었다. 뒤집어진 붉은 눈꺼풀로 둘러싸인 색이 흐려진 그의 푸른 눈동자는 노인처럼 둔하게 보였고, 입은 벌어져서 축축했고, 살이 오른 붉은 아랫입술은 힘없이 아래로 처져 있었다. 그의 머리는 항상 아래를 향해 조금씩 떨고 있었다. 또 나파노프의 아들 아자리야도 거기 있었다. 그는 눈자위가 검고 병색이 완연한 마른 얼굴을 가진 까다로운 성미의 키가 큰 사람이었다. 그리고 쾌활하지만 산만한 사관(史官) 여호사밧과 솔로몬 왕궁의 수장인 아헬라르와 왕의 친구라는 명예로운 명칭을 가진 사부, 솔로몬의 첫째 딸 다밧과 결혼한 아비나답, 바산에 있는 길르앗 지방의 수령이자 청동 빗장을 갖춘 문들이 있는 담으로 둘러싸인 육십여 개의 도시를 관리했던 게벨, 언젠가 창을 삼십 파라상8)이나 던지는 기술로 명성을 떨쳤던 후새의 아들 바아나, 그 외에도 많은 다른 사람들이 거기에 있었다. 예순 명의 전사들이 황금 투구와 방패를 번쩍이며 왕좌 왼편과 오른편을 따라 일렬로 서 있었는데, 오늘 그들의 지휘자는 알리홋의 아들인 검은 곱슬머리의 미남자 엘리압이었다.

먼저 아키오르라는 연마공이 청원을 하기 위해 솔로몬 앞에 나타났다. 페니키아에서 일하면서 보석을 발견한 그는 자기 아내에게 그 보석을 전달해줄 것을 예루살렘으로 떠나는 친구 즈가리야에게 부탁했었다. 그 후 얼마의 시간이 지난 뒤 아키오르가 집으로 돌아왔다. 아내를 보자마자 그는 우선 보석에 대해 물어보았다. 하지만 아내는 남편의 말에 매우 놀라면서 맹세코 보석 같은 것은 받은 적이 없다고 했다. 그러자 아키오르는 해명을 듣기 위해 친구 즈가리야를 찾아갔다. 그러나 즈가리야 역시 도착하자마자 부탁한 대로 보석을 전달했다고 맹세를 하며 말했다. 심지어 그는 즈가리야가 아키오르의 아내에게 보석을 전달하는 것을 보았다고 진술하는 두 명의 목격자까지 데리고 왔다.

그래서 모두 네 명―아키오르, 즈가리야와 두 목격자―이 이스라엘 왕

---

8) 역주: 길이 단위.

앞에 서게 되었다.

솔로몬은 차례로 그들 모두의 눈을 바라보고는 호위병에게 말했다.

"이들 모두를 각자 떨어진 방으로 데려가서 따로 감금하라."

그리고 그것이 실행되었을 때, 왕은 진흙 네 덩이를 가져오라고 지시했다.

"그들에게 보석의 형상을 진흙으로 빚으라고 하라." - 왕이 명령했다

얼마의 시간이 지난 뒤 형상이 완성되었다. 그러나 목격자 중 한 사람은 보석을 가공하는 일반적인 방법인 말머리 형태로 빚었고, 다른 한 사람은 양머리 형태로 빚었다. 단지 아키오르와 즈가리야의 것만이 여성의 가슴을 닮은 형태로 똑같았다.

왕이 말했다.

"보석의 형태로 보아 목격자들이 즈가리야에게 매수되었음이 분명해졌다. 따라서 즈가리야는 아키오르에게 보석을 돌려주고 더불어 그에게 삼십 개의 금화를 소송비용으로 지불토록 하라. 또 금화 열 닢을 사원의 성직자에게 주도록 하라. 저절로 죄가 드러난 목격자들은 거짓 증언의 대가로 다섯 개의 금화를 기부토록 하라."

그 다음에는 유산과 관련한 소송을 제기한 세 형제가 솔로몬의 왕좌로 다가왔다. 그들의 아버지는 죽기 직전 자식들에게 다음과 같이 말했다: "너희들이 분배를 할 때 다투지 않도록 내가 공정하게 배분하겠다. 만일 내가 죽으면 집 뒤의 언덕으로 가서 작은 숲 한가운데를 파보아라. 거기서 너희들은 세 개의 상자를 발견할 것이다. 가장 위의 것은 맏아들

의 것이고, 중간 것은 둘째, 가장 아래의 것은 막내를 위한 것이니 그리 알아라." 그 후 그가 죽자 아들들은 집 뒤의 언덕으로 가서 아버지의 유언대로 행하였다. 그들은 가장 위 상자에는 금화가 가득 차 있고, 중간 것에는 평범한 뼈들만이 놓여 있으며, 제일 아래 상자에는 나무 조각만이 들어있는 것을 알게 되었다. 그래서 둘째와 셋째는 큰형에 대한 시기심과 적개심을 갖게 되었다. 결국 참을 수 없게 된 그들은 왕을 찾아가서 조언과 재판을 청하기로 마음먹었던 것인데, 여기 왕 앞에 서서도 그들은 서로 헐뜯고 모욕하기를 멈추지 않았다.

왕은 고개를 저으면서 그들의 말을 듣더니 이렇게 말했다.

"싸움을 멈추어라. 돌과 추와 모래는 무겁지만 우둔한 자의 분노는 더무거운 법이다. 분명 너희들의 아버지는 지혜롭고 공정한 사람이었고, 마치 수백의 목격자들이 보는 가운데 자신의 유언을 말하듯이 분명하게 자신의 유언장에서 마지막 소원을 말했다. 징징거리는 소리만 내는 너희 싸움꾼들은 아버지가 돈은 모두 맏이에게 주고, 둘째에겐 가축과 노예들을, 셋째에겐 집과 목장을 주고 싶어 했다는 것을 정말로 알지 못하겠더냐? 서로 화해하고 더 이상 싸우지 말거라."

그러자 얼마 전까지 으르렁대던 세 형제는 밝은 얼굴로 엎드려 왕에게 절을 하고는 서로 손을 잡고 재판소를 나갔다.

또 왕은 삼 일 전에 시작된 유산에 대한 다른 사건을 해결했다. 한 사람이 죽어가며 자신의 모든 재산을 두 아들 중 더 나은 아들에게 물려주겠다고 말했다. 하지만 그들 중 어느 누구도 자신이 못하다고 인정하지 않아 결국 왕을 찾아오게 되었다.

솔로몬은 그들에게 직업이 무엇인지 물어보았고, 두 사람 모두 사냥꾼이라는 대답을 듣더니 이렇게 말했다.

"집으로 돌아가라. 나는 너희들 아비의 시신을 나무 옆에 놓을 것을 명령한다. 그리고 먼저 너희들 중 누가 시신 가슴의 표적을 맞추는 지를 보고 너희들에 관한 사건을 해결하겠다."

그러자 두 형제는 왕이 지켜보라고 보낸 사람과 함께 집으로 돌아갔다. 솔로몬은 그에게 시합이 어떻게 되었는지 물어보았다.

"저는 왕께서 지시하신 모든 것을 수행했습니다." 그 사람이 말했다. "저는 노인의 시신을 나무에 묶고 두 형제에게 활과 화살을 주었습니다. 맏이가 먼저 쏘았습니다. 백이십 보 거리에서 그는 단번에 살아 있는 사람에게서 심장이 뛰는 곳을 맞추었습니다."

"훌륭한 솜씨구나, ― 솔로몬이 말했다 ― 그럼, 둘째는?"

"둘째 아들은…… 왕이시여, 용서하십시오. 저는 왕께서 지시하신 일을 정확하게 수행하지 못했습니다. 둘째 아들은 화살을 활에 재우고 시위를 당기기는 하였지만, 갑자기 활을 밭에 떨어뜨리더니 뒤돌아서 울며 이렇게 말했습니다: ≪안돼요, 나는 이 일을 할 수 없어요… 난 내 아버지의 시신에 활을 쏠 수 없습니다…≫."

"그렇다면 그에게 제 아비의 재산을 갖게 하라." ― 왕이 이렇게 결정을 내렸다 ― "둘째 아들이 더 착한 아들임이 밝혀졌다. 그리고 첫째 아들은, 만일 그가 원한다면, 내 호위병으로 들어올 수가 있다. 내겐 강하고 옥심 많고 또한 재빠른 손과 또렷한 눈매와 대담한 가슴을 지닌 그런 사람들이 필요하다."

다음에는 세 사람이 왕 앞에 나타났다. 공동으로 사업을 하면서 그들은 많은 돈을 벌었다. 그리고 예루살렘으로 돌아갈 때가 되었을 때, 그들은 황금을 가죽 전대에 꿰매어 넣고 길을 떠났다. 가는 도중에 그들은 숲에서 노숙을 했는데, 잘 지키기 위해 전대를 땅 속에 파묻었다. 다음 날 아침 그들이 잠에서 깨었을 때, 그들은 파묻었던 자리에서 전대를 찾을 수가 없었다.

그들 모두는 비열한 도둑질이라며 서로 상대방을 고소했다. 그 세 명 모두가 매우 영리하고 교묘한 말솜씨를 가진 사람들이어서 왕은 그들에게 이렇게 말했다.

"내가 일을 해결하기에 앞서 너희들에게 해주는 말을 잘 듣거라. 한 어여쁜 처녀가 여행을 떠나는 자신의 연인에게 그가 돌아오기만을 기다리며 어느 누구에게도 자신의 처녀성을 내주지 않겠노라고 약속을 했다. 하지만 연인이 떠난 지 얼마 되지 않아 처녀는 그가 다른 도시의 여자와 결혼했다는 사실을 알게 되었다. 그러는 가운데 그녀의 고향에서 어린 시절의 친구였던 부유하고 마음씨 좋은 청년이 그녀에게 청혼을 했다. 부모의 강요를 받은 딸은 수치와 공포 때문에 자신의 사연을 그에게 말하지 못한 채 결혼을 했다. 결혼 피로연이 끝나고 신랑이 신부를 침실로 데려가 함께 잠자리에 들기를 원하자 그녀는 그에게 애원하기 시작했다: ≪제발 옛 애인이 살고 있는 도시에 다녀올 수 있게 허락해주세요. 그가 내게 한 약속을 취소하면 그때 나는 당신께 돌아와 당신이 원하는 모든 것을 하겠어요!≫

그녀를 매우 사랑한 신랑은 그녀의 요청을 받아들여 다녀오게 해주었고, 그녀는 길을 떠났다. 도중에 그녀는 강도들과 맞닥뜨리게 되었는데, 강도들은 그녀를 강탈하고 강간하려고 했다. 하지만 그녀는 그들 앞에 엎드려 자신의 순결을 빼앗지 말 것을 눈물로 호소하면서 강도들에게 어떤 일이 그녀에게 있었고, 왜 자기가 다른 도시로 가는지를 이야기 해주었다. 그러자 그녀의 말을 들은 강도들은 약속에 대한 그녀의 신의에 놀라고 그녀 남편의 호의에 감동해서 그녀를 순순히 보내 주었을 뿐만 아니라 빼앗은 귀중품도 다시 돌려주었다. 자, 이제 내가 너희들에게 물어보겠다. 처녀, 신랑, 강도 세 사람 중에서 누가 신 앞에서 가장 나은 행동을 하였느냐?"

피고인들 중 한 사람은 처녀가 자신의 맹약에 대한 신의 때문에 가장 칭찬 받을 자격이 있다고 말했고, 다른 사람은 그녀 남편의 큰 사랑에 놀랐으며, 세 번째 사람은 강도들의 행위에서 고결함을 보았다고 했다. 그러자 왕이 마지막 사람에게 말했다.

"바로 네가 공동의 황금이 든 전대를 훔쳤다. 네 천성이 탐욕스럽고 남의 것을 탐하는 구나."

그 사람은 자신의 지팡이를 동료들 중 한 명에게 건네준 뒤, 마치 맹세를 하듯이 손을 위로 쳐들고 말했다:

"황금이 제게 있지 않고 저 사람에게 있다는 것을 신 앞에 맹세합니다!"

왕이 미소를 짓더니 병사들 중 한 명에게 지시했다.

"이 사람의 지팡이를 가져와서 그것을 반으로 부러뜨려라."

병사가 솔로몬의 명령대로 하자 바닥에는 금화가 쏟아졌다. 부러진 지팡이 속에 금화들이 숨겨져 있었기 때문이었다. 왕의 지혜에 놀란 도둑은 왕 앞에서 자신의 얼굴을 땅에 박은 채 범행을 시인하였다.

역시 레바논 궁전으로 석공의 아내였던 한 가난한 과부가 찾아와서 이렇게 말했다.

"왕이시여! 공정한 판단을 부탁드립니다. 저는 제게 남은 마지막 2 디나르로 밀가루를 사서 그것을 이 큰 진흙 사발에 담아 집으로 가져가고 있었습니다. 그런데 갑자기 강한 바람이 불어 제 밀가루를 날려 버렸습니다. 지혜로운 왕이시여, 누가 제게 이 손해을 보상해 주어야 합니까! 이제 제겐 아이들을 먹일 것이 아무것도 없습니다."

"그 일이 언제 일어났느냐?" 왕이 물었다.

"오늘 아침 동틀 무렵이었습니다."

그러자 솔로몬은 몇몇 부유한 상인들을 불러오라고 명령했다. 그들의 배들은 오늘 화물을 싣고 야파를 지나 페니키아로 떠나기로 되어 있었다. 놀란 상인들이 재판소에 들어서자 왕이 그들에게 물었다.

"너희들은 여호와나 다른 여러 신들에게 너희들의 배를 위해 순풍이 불게 해달라고 빌었느냐?"

그들이 대답했다.

"예, 왕이시여! 그렇습니다. 그리고 저희들의 제물을 신들이 받아들여 고마운 바람을 보내주었습니다."

"나도 참 기쁘구나." - 솔로몬이 말했다 - "그러나 그 바람은 가난한 여인이 사발에 담아 옮기던 밀가루를 날려 버렸다. 그러므로 너희들이 이 여인에게 보상을 해주는 것이 공정하다고 생각지 않느냐?"

그러자 그들은 겨우 그런 일로 왕이 자신들을 불렀다는 사실에 안도하며 사발 가득히 크고 작은 은화들을 채워주었다. 그녀가 눈물을 흘리며 왕에게 감사를 하자 왕은 환하게 웃으며 말했다.

"기다려라, 그것이 전부가 아니다. 오늘 아침 바람은 내게도 기대치 않았던 기쁨을 주었다. 그래서 이 상인들의 선물에 왕의 선물도 보태마."

왕은 출납관 아도니람에게 상인들의 은화 위에다 그 은화들이 보이지 않을 만큼의 금화를 더 얹어 주라고 지시했다.

그날 솔로몬은 어느 누구도 불행해지는 것을 원하지 않았던 것이다. 일년치 분량에 달하는 하사품과 연금과 상금을 나누어 주었고, 전에 불법적인 세금 징수로 인해 왕의 노여움을 샀던 납달리 지방의 통치자인 아히마스도 용서해주었으며, 법을 어긴 많은 이들의 죄를 사하여 주었다. 그리고 자신의 백성들이 한 청원 중 한 가지를 제외하곤 모두 들어주었다.

왕이 작은 남쪽 문을 통해 레바논 궁전을 나왔을 때 어떤 노란 가죽옷을 입은 사람이 왕의 길을 가로막았다. 그는 땅딸막하고 어깨가 넓었으며, 검은 구레나룻이 짙게 난 얼굴은 검붉고 우울해 보였으며, 목은 수소의 그것과 닮았고 텁수룩한 검은 눈썹 아래의 시선이 사나워 보였다. 그는 몰로흐 사원의 주임 사제였다. 그가 간청하듯 외마디 소리를 내뱉었다.

"왕이시여......!"

그가 섬기는 신의 청동 우상 뱃속에는 일곱 개의 자리가 있었다: 첫 번째는 밀가루를 위한 것이고, 두 번째는 비둘기, 세 번째는 양, 네 번째는 숫양, 다섯 번째는 송아지, 여섯 번째는 수소, 일곱 번째는 어미들이 데리고 온 살아있는 아이들을 위한 자리였는데, 왕이 금지시켜 그 마지막 자리는 오래 전부터 비어 있었다.

솔로몬은 아무 말 없이 사제 곁을 지나쳤지만 사제는 왕에게 손을 내밀며 애원하듯 외쳤다.

"왕이시여! 왕께서 기분이 좋으니 이렇게 부탁드립니다. 제게 당신의 관용을 보여주십시오. 그러면 제가 당신이 어떤 위험에 처해있는지 알려 드리겠습니다."

솔로몬은 대답을 하지 않았고, 사제는 주먹을 불끈 쥔 채 독기 어린 눈빛으로 밖으로 나가는 왕을 바라보았다.

6

저녁에 술라미는 환전상들과 고리 대급 업자, 그리고 향수 상인들의 점포들이 길게 늘어선 구(舊)시가지로 갔다. 그 곳에서 그녀는 고리마다 금으로 된 별이 달려있는 자신의 유일한 장신구인 귀걸이를 보석상에게 삼 드라크마 일 데나리온에 팔았다.

그리고 그녀는 향료 장수에게도 들렀다. 회색의 아라비아산(産) 용연

향이 든 통들과 레바논산(産) 향유가 담긴 자루, 향기 나는 풀 다발 그리고 기름병들이 놓여있는 어두운 색의 돌로 만들어진 깊고 후미진 곳에 늙고 기름기가 도는 쭈글쭈글한 이집트인 내시(內侍)가 다리를 꼬고 나태한 눈동자를 찌푸리며 앉아있었다. 그는 페니키아산(産) 유리병으로부터 정확히 술라미가 가진 돈 만큼의 향유를 조심스레 가늠하며 작은 진흙 병으로 부었고, 그 일을 끝낸 뒤 병 입구 주위에 묻은 향유들을 뚜껑으로 모았다. 그러면서 짓궂게 웃으며 이렇게 말했다.

  "검고 아름다운 아가씨! 오늘 저녁 당신 애인이 당신의 가슴 사이를 입맞춤하면서 이렇게 말할 거요: ≪오, 내 사랑, 네 몸 냄새가 참 좋구나!≫. 그러면 아가씨는 그 순간 날 기억해 주시오. 내가 세 방울이나 더 부었다오."

밤이 되었고, 달이 검푸른 그늘과 나무들의 흐릿한 초록빛과 주변의 청백색 가옥들을 뒤섞으며 실로암 위에 떠올랐을 때 술라미는 염소 털로 만든 자신의 초라한 침대에서 일어나 귀를 기울이고 있었다. 집안은 조용했다. 여동생은 벽 쪽 바닥에서 규칙적으로 숨을 쉬고 있었다. 단지 매미만이 바깥쪽 길가의 관목 덤불에서 메마른 소리로 맹렬하게 울어대 귀를 멍하게 만들었다. 흐린 달빛에 비친 창살이 바닥에 또렷하고 비스듬히 드리워졌다.

두려움과 기대 그리고 행복감에 몸을 떨면서 술라미는 자신의 옷을 풀어 발아래에 내려놓고는 창살 사이로 달빛이 비치는 창문 쪽을 바라보면서 벌거벗은 채 방 한 가운데에 멈춰 섰다. 그녀는 진한 몰약을 어깨와 가슴 그리고 배에 뿌리고는 값비싼 향유를 한 방울이라도 흘릴까 봐 재빨리 그것을 다리와 겨드랑이 그리고 목 주위에 발랐다. 그러자 몸에

닿는 그녀의 손바닥과 팔꿈치의 매끄럽고 미끈한 감촉이 달콤한 기대감을 주며 그녀의 몸을 움츠러들게 하였다. 그녀는 가볍게 떨면서 미소를 짓고는 창살 너머로 한 쪽은 어둡고 다른 한쪽은 은빛으로 빛나는 두 그루의 포플러가 보이는 창문을 바라보면서 혼자 중얼거렸다.

"이렇게 하는 것은 당신을 위해서죠. 이건 당신을 위한 거예요. 내가 사랑하는 사람은 다른 수만의 사람들보다 더 훌륭하며, 그의 머리는 순금과 같고, 그의 머리칼은 물결치고 흑단같이 검지요. 그의 입은 달콤하고 그의 온몸은 열정 덩어리지요. 예루살렘의 딸들이여, 이 사람이 내가 사랑하는 사람이고, 내 형제랍니다!"

몰약 냄새를 풍기며 그녀는 자신의 침대에 누웠다. 그녀의 얼굴은 창 쪽을 바라보고 있었다. 마치 아이와도 같이 그녀는 무릎을 감싸 안았고, 방 안에서 그녀의 심장이 크게 울리고 있었다. 많은 시간이 지나갔다. 눈이 거의 감겼고 졸음이 왔지만 그녀의 가슴은 생생했다. 그녀는 사랑하는 남자가 그녀 곁에 앉아있는 꿈을 꾼다. 오른손은 머리 아래에 얹고 왼손으로 그녀를 감싸고 있다. 터질 듯한 기쁨에 찬 그녀는 졸음을 떨쳐내고 자신의 침대 주위에 사랑하는 사람이 있는지 살펴보았지만 아무도 없었다. 바닥의 달그림자는 벽 쪽으로 움직여 더 짧아지고 더 기울어졌다. 매미가 울어댔고, 도시에서 야경꾼이 웅얼거리며 노래를 부르듯한 케드론 시냇물의 졸졸거리는 소리가 들려왔다.

술라미는 생각했다. ≪만일 그가 오늘 오지 않으면 어쩌지? 내가 그에게 오지 말라고 부탁 했었지, 그런데 갑자기 그 사람이 내 말대로 한다면? 예루살렘의 딸들이여, 당신들은 사랑이 오지 않는 한 사랑하지 말고 샤무아나 들장미가 되세요…… 하지만 내게 사랑은 찾아왔어요. 내 사랑하는 이여, 어서 오세요! 신부가 당신을 기다리고 있답니다. 향기로운 산속의 젊은 사슴처럼 빨리 오세요.≫

가벼운 발걸음에 마당의 모래가 바스락거렸다. 그러자 소녀는 정신을 차릴 수가 없었다. 손으로 창문을 조심스럽게 두드렸다. 검은 얼굴이 창틀 뒤에서 지나갔다. 사랑하는 남자의 조용한 목소리가 들려왔다.

"누이여, 문을 열어다오, 내 사랑하는 여인, 정결한 내 사랑! 이슬로 내 머리가 젖었다오."

하지만 술라미의 몸은 갑자기 홀린 듯이 마비되었다. 그녀는 일어나고 싶었지만 그럴 수 없었고, 손을 움직이고 싶었지만 그럴 수도 없었다. 어떻게 해야 할지 모른 채 그녀는 창문을 바라보며 작은 소리로 말했다.

"이런, 그의 곱슬머리가 밤이슬에 뒤덮였구나! 하지만 난 가운을 벗었어. 이걸 어떻게 다시 입지?"

"내 사랑하는 여인, 일어나오. 아름다운 당신, 어서 나오시오. 아침이 가까워져 꽃들이 피어나고 포도나무는 향내를 쏟아 내고 노래 부를 시간이 되어 산비둘기의 소리가 산에서 들려온다오."

"난 발을 씻었는데 그 발로 어떻게 마루를 지나가지?"

─술라미가 작은 소리로 말했다.

검은 머리가 창틀에서 사라지고 집을 따라 발자국 소리가 나더니 문앞에서 잠잠해졌다. 남자는 문 틈 사이로 조심스럽게 손을 밀어 넣었다.

그가 손가락을 더듬어 안쪽 손잡이를 찾는 소리가 들려왔다.

그때 술라미가 일어나서 손으로 가슴을 세게 누르며 두려워서 조용히 말했다.

"내 여동생이 자고 있어요, 그녀가 깰까 두려워요."

그녀는 머뭇거리며 샌들을 신고 벌거벗은 몸에 가벼운 가운을 입고 그 위에 숄을 걸친 후 문을 열었다. 문 자물쇠에 몰약 자국이 남았다. 하지만 길에는 아무도 없었다. 회색 빛 아침 미명 속의 어두운 관목들 사이에서 길만이 홀로 하얗게 비쳤다. 남자는 끝까지 기다리지 않고 떠났는지 그의 발소리조차 들리지 않았다. 달은 작아지고 더 창백해진 채 높이 떠 있었다. 동쪽 산의 굴곡들 위에서 동틀 녘의 하늘이 서늘한 붉은 빛을 띠었다. 멀리서 예루살렘의 집과 담장들이 하얗게 보이기 시작했다.

"내 사랑! 내 인생의 주인이여!" – 술라미는 축축한 어둠 속에서 소리쳤다 – "제가 여기 있어요. 당신을 기다리고 있어요. 돌아오세요!"

그러나 아무도 대답하지 않았다.

술라미가 혼자 말했다. ≪난 길을 따라 달려갈 거야, 내 사랑을 잡아야 해. 도시를 통과해서 거리와 광장들을 지나가겠어. 내가 진심으로 사랑하는 그 사람을 찾고 말 테야. 아, 만일 당신이 내 어머니의 젖을 빨던 내 형제였다면! 내가 당신을 길에서 만나 당신에게 입맞춤해도 아무도 날 비난하지 않을 텐데. 내가 당신 손을 잡고 내 어머니의 집으로 데리고 갔을 텐데. 당신이 내게 좋은 이야기를 해준다면 난 붉디붉은 사과 주스를 당신에게 대접할 텐데. 예루살렘의 딸들이여, 당신들에게 부탁하오니, 만일 내 사

랑을 만난다면 내가 사랑에 빠졌다고 그에게 말해주어요.≫

그녀는 그렇게 홀로 말하고는 가볍고 경쾌한 발걸음으로 도시로 향하는 길을 달렸다. 도시의 평민을 위한 출입구 담벼락 근처에서 밤새 도시를 돌아다니던 두 명의 파수꾼이 차가운 아침 공기 속에 앉아 졸고 있었다. 그들은 잠에서 깨어나 달려가는 소녀를 놀란 눈으로 바라보았다. 그들 중 졸병이 일어나 팔을 벌려 그녀의 길을 가로막는다.

"잠깐, 아름다운 아가씨, 기다려!"–그가 웃으며 소리쳤다–"어딜 그렇게 서둘러 가는 거지? 넌 아무도 모르게 연인의 침대에서 밤을 보내 아직도 그의 온기로 따뜻하구나. 그런데 우리는 밤의 습기로 몸을 떨었지. 만일 네가 우리와 함께 조금만 앉아있어 준다면 공평해질 것 같은데."

고참 병사 역시 일어나서 슐라미를 껴안으려 했다. 그는 웃지도 않고 씩씩거리면서 거칠게 숨을 쉬며 혀로 퍼렇게 된 입술을 훔쳤다. 곪아서 흉측하게 된 그의 얽은 얼굴이 창백한 미명 속에서 기괴하게 보였다. 그가 코를 씩씩거리며 쉰 목소리로 말했다.

"그거 맞아. 뭣 때문에 네 애인이 다른 사람들 보다 낫다는 거야? 눈을 감아봐, 그럼 넌 나와 네 애인을 구별하지 못할 게다. 오히려 내가 그보다 더 나을 거야, 아마 내가 더 경험이 많을걸."

그들은 슐라미의 가슴과 어깨, 팔 그리고 옷을 잡으려 했다. 하지만 슐라미는 유연하면서도 강했고 기름을 바른 그녀의 몸은 미끄러웠다. 그녀는 파수꾼들의 손에 자신의 숄만 남겨둔 채 헤치고 나왔다. 그리고는 아까 그 길을 따라 더 빨리 내달렸다. 그녀는 수치심도 공포도 느끼지 못했다–솔로몬이 그녀의 온 생각을 차지하고 있었기 때문이다. 자기 집

을 지나면서 그녀는 방금 전에 자신이 나온 방문이 흰 벽에 검은 사각
형 모양으로 입을 벌린 채 열려 있는 것을 보았다. 하지만 숨을 고르면
서 어린 고양이처럼 몸을 움츠리고는 소리를 내지 않고 발뒤꿈치로 그
옆을 재빨리 지나갔다.

그녀는 케드론 다리를 건너 실로암 마을 끝자락을 돌아 자기네 포도
밭이 있는 밧엘함의 남쪽 사면 쪽으로 돌이 많은 길을 따라 올라갔다.
그녀의 오빠는 포도 넝쿨 사이에서 이슬에 온통 젖은 털 이불을 감고
아직도 자고 있었다. 술라미는 그를 깨웠지만 달콤한 아침잠에 빠진 그
는 깨어나지 않는다.

어제처럼 아나제 산 위에서 여명이 타오르고 있었다. 바람이 불어와
포도 꽃향기가 흘러왔다.

"가서 내 사랑이 서 있던 그 담장 옆을 봐야겠어." - 술라미가 말했다 - "그
가 만졌던 돌을 만져보고, 그가 서 있던 땅에 입맞춤할 테야."

그녀는 덩굴들 사이를 미끄러지듯 가볍게 지나갔다. 덩굴에서 이슬이
떨어져 그녀의 다리를 차갑게 하기도 하고 그녀의 팔꿈치에 튀기기도 했
다. 갑자기 술라미의 기쁨의 환호성이 포도밭을 뒤덮었다. 빛나는 얼굴
의 왕이 담장 뒤에 선 채 손을 내밀어 그녀를 맞이하고 있었던 것이다.

술라미는 새보다도 더 가볍게 담장을 넘어 아무 말 없이 행복의 탄식
을 내뱉으며 왕에게 달라붙었다.

그렇게 얼마간의 시간이 흘렀다. 마침내 솔로몬이 그녀의 입술에서 입
을 떼며 기쁨에 찬 목소리로 말했다. 그의 목소리는 떨리고 있었다.

"오, 아름다운 아가씨, 내 사랑, 넌 참으로 아름답구나!"

"아, 당신은 얼마나 멋있는지요, 사랑하는 당신!"

환희와 감사의 눈물, 촉촉한 눈물이 술라미의 창백하고 아름다운 얼굴에서 빛났다. 사랑 때문에 힘이 빠진 그녀는 땅에 주저앉은 채 겨우 들릴 듯한 소리로 분별없는 말들을 뱉어내고 있었다.

"우리 침대는 초록색이에요. 우리 천장은 삼나무지요...... 당신의 입으로 내 입을 맞춰주세요. 당신이 어루만지는 것은 포도주보다 더 부드러워요......"

얼마간의 시간이 지났고, 술라미는 솔로몬의 가슴에 머리를 기대고 있었다. 그의 왼 팔은 그녀를 감싸고 있었다.

왕은 그녀의 귀 쪽으로 몸을 숙여 그녀에게 무언가 속삭이고는 상냥하게 사과를 했다. 술라미는 그의 말에 얼굴을 붉히고는 눈을 감았다. 그런 후 곤혹감으로 인한 묘하고도 매력적인 미소를 지으며 그녀가 말했다.

"오빠들이 내게 포도밭을 지키라고 했지요. 하지만 난 포도밭을 지키지 못했어요."

솔로몬이 그녀의 작고 검은 손을 쥐고는 자신의 입으로 가져가 뜨겁게 입맞춤을 했다.

"넌 후회하지 않느냐, 술라미?"

"아뇨. 내 주인님, 내 사랑, 난 후회하지 않아요. 만일 당신이 지금 일어나 나를 떠나간다 해도, 내가 더 이상 당신을 볼 수 없는 벌을 받는다 해도, 나는 내 인생 끝까지 감사한 마음으로 솔로몬, 당신의 이름을 부를 거예요."

"술라미, 내게 말해다오. 부탁컨대, 순결한 내 여인이여, 오직 진실만을 말해다오. 너는 내가 누군지 알고 있었느냐?"

"아뇨, 아직도 그걸 모르겠어요. 생각해 보았지만...... 말하기가 부끄럽 군요...... 당신이 절 비웃지나 않을지 두려워요...... 여기 볏엘함 산에는 가끔 이교도의 신들이 돌아다닌다고 말들 해요...... 그들 중 상당수가 멋있 게 생겼다고들 하더군요. 그래서 생각해 봤는데, 당신은 오시리스의 아들 호루스 아니면 다른 신이 아닌가요?"

"아니란다. 사랑하는 아가씨, 난 단지 왕일뿐이다. 하지만 지금 여기 이 곳에서 난 태양에 그을린 네 사랑스런 손에 입맞춤하면서 이렇게 네게 맹 세하고 있지. 네 미소, 마구 휘감긴 네 곱슬머리의 촉감, 네 붉은 입술의 곡선 하나하나가 내 마음 속에 억누를 수 없는 열정을 불러일으켰다. 이 토록 내 마음을 불태운 적은 젊은 시절 첫 사랑에 번민할 때나 내 영광의 날들 그 어느 때에도 없었다! 너는 마치 성직자의 휘장처럼, 솔로몬 사원 의 커튼처럼 아름답구나! 네 애무는 나를 황홀하게 만든다. 여기 네 가슴 에서는 좋은 냄새가 나고, 네 유두는 마치 포도송이와 같아!"

"아, 그래요, 사랑하는 당신, 나를 봐 주세요. 당신의 눈동자는 내 감정 을 불러일으킨답니다! 아, 얼마나 기쁜지, 당신의 열정이 날 향한다고요? 그게 나란 말이죠! 당신의 머리카락은 숱이 참 많아요. 마치 몰약을 바른 것 같은 당신의 머리는 내 가슴 사이에 놓여있어요!"

시간은 흐르기를 멈추고 둥근 태양을 그들 위에 덮어주었다. 풀은 그들의 침대였고, 삼나무는 지붕이었고, 사이프러스 나무는 벽이 되었으며, 사랑은 그들의 침대 위를 가리는 커튼이 되었다.

7

궁전 내에 있는 왕의 목욕실은 팔각형으로 된 흰 대리석으로 만들어진 시원한 욕조였다. 짙은 녹색의 공작석 계단은 욕조 바닥으로 이어졌다. 돌의 결이 겨우 보이는 붉은 빛을 띠는 눈처럼 하얀 이집트산(産) 벽옥석으로 치장된 외장재는 욕조의 테두리 역할을 했다. 가장 좋은 흑단이 벽 마감재로 쓰였다. 붉은 마노로 만든 네 개의 사자 머리상이 가는 물줄기들을 욕조로 쏟아냈다. 가장 뛰어난 시돈의 기술로 된 여덟 개의 은으로 빛을 내는 거울은 사람의 키 높이였는데 작고 하얀 기둥들 사이의 벽에 세워져 있었다.

술라미가 욕조로 들어오기 전 젊은 하녀들은 그 곳에다 방향제를 부었고, 그것 때문에 물은 하얗게 되어 하늘색을 띠며 젖빛 유리 색조로 퍼져 나갔다. 옷을 벗기고 술라미를 거울로 데려갔을 때 그녀의 옷을 벗겨준 여자 노예들은 그녀의 몸을 감탄의 눈빛으로 바라보았다. 부드러운 금빛 솜털이 나있어 마치 잘 익은 과일처럼 아름다운 황금빛을 띠는 술라미의 몸에서는 어떤 결점도 찾을 수 없었다. 거울 속에 있는 자신의 나신을 보고 얼굴이 붉어진 술라미는 이렇게 생각했다: ≪왕이시여, 이 모든 것이 당신의 것입니다!≫

그녀는 상쾌한 기분으로 욕조에서 나왔다. 물방울들로 뒤덮힌 그녀의 몸이 서늘해지면서 좋은 냄새를 발하고 있었다. 여자 노예들은 그녀에게 가느다란 이집트산(產) 아마로 짠 흰 색의 짧은 속옷과 마치 태양빛으로 짠 것처럼 빛나는 금색의 값비싼 세마포로 된 가운을 입혀주었다. 그들은 술라미의 발에 어린 염소 가죽으로 만든 빨간 샌들을 신기고 술라미의 짙게 타오르는 듯한 곱슬머리를 말려 굵은 흑진주 고리로 머리카락을 매준 후 그녀의 손을 방울 팔찌로 꾸며주었다.

그녀가 이렇게 치장을 하고 솔로몬 앞에 서자 왕이 기쁨에 겨워 소리쳤다.

"마치 석양처럼 빛나고 달처럼 아름답고 해처럼 빛나는 이 사람은 누구인가? 오, 술라미, 네 아름다움은 선반에 걸린 깃발보다 더 완벽하구나! 나에겐 칠백 명의 아내와 삼백 명의 애첩과 수많은 여인들이 있지만 너 하나만이 내게 유일하다, 아름다운 나의 여인이여! 왕비들은 너를 보고 칭찬할 것이고, 애첩들은 너에게 경의를 표할 것이며, 지상의 모든 여자들이 너를 칭송할 것이다. 아, 술라미, 네가 내 아내가 되고 왕비가 되는 그날은 내 마음이 가장 행복한 날이 될 것이다."

술라미가 조각된 올리브 문으로 다가가서 문에 뺨을 대고 말했다.

"솔로몬님, 난 단지 당신의 노예가 되고 싶습니다. 이렇게 나는 내 귀를 문설주에 대었습니다. 그리고 부탁합니다: 모세의 율법에 따라, 자진해서 당신의 노예가 되겠다는 증거로 내 귀를 뚫어 주세요."

그러자 솔로몬은 자신의 보물들 중 서양배 모양의 붉은 홍옥으로 된 값비싼 펜던트를 가져오라 명령했다. 그는 손수 그것들을 술라미의 귀에 걸고서 이렇게 말했다.

"이 여인은 내게 속하고, 나는 그녀에게 속하노라."

그리고 왕은 그녀의 손을 잡고 연회장으로 갔다. 거기엔 이미 왕의 친구들과 총애를 받는 신하들이 그를 기다리고 있었다.

8

술라미가 왕궁으로 들어온 날로부터 이레가 되었다. 칠일 동안 그녀와 왕은 사랑을 나누었으나 성에 차지 않았다.

솔로몬은 보석들로 자신의 연인을 치장하길 좋아했다. "샌들을 신은 네 발이 너무도 날씬하구나!" 왕은 즐거워 소리친 다음, 그녀 앞에 무릎을 꿇고 그녀의 발가락에 하나씩 입맞춤을 하더니 최고 제사장의 제복에도 달려있지 않은 진귀하고 아름다운 보석들을 끼워주었다. 술라미는 보석들의 속성과 마력 그리고 신비한 의미들에 대한 왕의 이야기에 귀를 기울였다.

"이 석류석은 오빌 땅의 성스러운 보석이란다." 왕이 말했다 "이것은 뜨겁고 축축하지. 보아라, 이것은 피처럼, 저녁노을처럼, 갈라진 석류의 색깔처럼, 엔게디 포도원에서 나는 진한 포도주처럼, 또 네 입술처럼 붉단다. 마치 사랑의 밤을 보내고 난 아침의 네 입술처럼 많이야. 이건 사랑과 분노와 피의 보석이지. 열병이나 갈망으로 기운을 잃은 사람이 이 보석을 지니면 따뜻해지고 붉은 불꽃처럼 달아오르게 된다. 내 사랑, 이 보석을 손에 끼고 어떻게 타오르는지 보거라. 만약 이 보석을 가루로 갈아서 물과 함께 마시면 얼굴에 화색이 돌게 되고 위장을 진정시키며 마음을 즐겁게 해준다. 이걸 지니는 자는 인간들에 대한 권력을 가지게 되는 것이지. 석류석은 심장과 뇌와 기억을 치유해주지만, 아이들이 이걸 지녀서는 안 된다. 이 보석이 사랑의 정렬을 불러일으키기 때문이지."

"이건 속이 투명한 녹청색의 보석이다. 원산지인 이디오피아에서는 이걸 '므그나디스 프자'라고 부르지. 내 왕비 아스티스의 아버지인 이집트의 시삭 왕이 이 보석을 포로가 된 왕에게서 얻어내 내게 선물했단다. 네가 보듯이 이건 아름답진 않지만 그 값어치는 헤아릴 수 없는데, 지상에서 오직 네 명의 사람만이 이 '므그나디스 프자'라는 보석을 소유할 수 있기 때문이다. 이 보석은 탐욕스럽고 돈을 밝히는 사람을 운에 이끌리도록 하는 특성이 있단다. 내 사랑, 너는 사욕이 없으므로 이걸 네게 선물하마."

"술라미, 이 사파이어들을 보아라. 이것들 중 하나는 밀 사이에 있는 수레국화의 빛깔을 닮았고, 어떤 것은 가을 하늘을, 다른 것은 맑은 낮의 바다를 닮았다. 이 순결의 보석은 차갑고 정결하지. 멀고 험한 여행을 할 때 갈증을 해소하기 위해 이것을 입안에 넣는단다. 또 이건 종기와 치료가 잘 되지 않는 모든 종류의 부스럼을 낫게 해주지. 사파이어는 생각할 때 명료함을 주기 때문에 로마의 주피터 사제들은 이걸 검지에 끼고 있단다."

"모든 보석의 제왕은 샤미르석(石)이야. 그리스인들은 그걸 '어찌할 수 없다'란 뜻으로 다이아몬드라고 부르지. 이 보석은 세상의 어떤 물질보다 더 단단하고 아무리 강한 불에서도 손상되지 않는다. 이것은 지상에서 응축되어 세월에 의해 식은 태양의 빛이다. 술라미, 눈을 들어 느껴 보거라. 다이아몬드는 모든 빛을 간직하고 있지만 자신은 투명한 채로, 꼭 물방울처럼 남아있단다. 이건 밤의 어둠 속에서도 빛이 나지만 살인자의 손에서는 대낮에도 자신의 빛을 잃어버린다. 산고를 겪는 여성의 손에 샤미르를 매어주기도 하고, 또 전장으로 떠나는 전사의 왼손에도 끼워주곤 하지. 샤미르를 끼고 있는 자는 왕의 마음을 사고 악한 영혼을 두려워하지 않는단다. 샤미르는 얼굴에서 빛을 내게 하고 숨결을 정화시키며 몽유병자에겐 숙면을 주고 가까이에 독이 있으면 땀을 흘리지. 샤미르에는 암수가 있는데 땅 속 깊이 묻으면 번식을 할 수 있단다."

"마치 달빛처럼 창백하고 온화한 월석은 칼데아와 바빌론 마법사들의 보석이다. 예언하기에 앞서 그들은 월석을 혀 밑에 넣어두는데 월석은 그들에게 미래를 볼 수 있는 능력을 준단다. 월석은 달과 특별한 관계가 있어 초승달이 뜨면 차가워지고 더 강하게 빛나지. 이것은 아이에서 처녀가 되는 해의 여성에게 상서롭단다."

"내 사랑, 이 에메랄드 반지를 항상 착용하여라. 에메랄드는 이스라엘의 왕 솔로몬이 좋아하는 보석이란다. 이건 맑고 푸르고 상냥하고 부드럽다. 마치 봄의 풀과도 같지. 이걸 오랫동안 본다면 하루 종일 마음이 밝아질 거야. 만일 아침부터 에메랄드를 바라보면, 하루가 편해질 게야. 네 침상 위에 내가 에메랄드를 걸어주마. 내 여인이여. 이 보석이 네게서 악몽을 몰아내고 심장의 박동을 낮추어 나쁜 생각들을 사라지게할 거야. 에메랄드를 가진 사람에게는 뱀이나 전갈이 다가가지 않고, 만일 에메랄드를 뱀 눈 앞에 내 놓으면 뱀의 눈이 멀 때까지 물이 흘러나올 것이야. 으깬 에메랄드를 뜨거운 낙타 우유와 함께 독에 중독된 이에게 주면 독은 땀으로 배출되고, 장미 기름과 섞인 에메랄드는 독을 가진 파충류에게 물린 것을 치유해준다. 사프란(붓꽃의 일종 ─ 역자 주)과 함께 빻은 에메랄드를 눈에 붙이면 야맹증을 낫게 해준단다. 또 이 보석은 피를 동반한 설사나 어떤 인간의 약으로도 낫지 않는 피를 토하는 기침에 도움이 된단다."

또 왕은 자신의 사랑스러운 여인에게 여러 보석들을 선물했다: 리비아 산기슭의 숲에서 나는 어린 향제비꽃 빛깔을 닮은 자수정은 바람을 다스리고 짜증을 가라앉히며 취기로부터 보호해주며 야생 동물을 포획하는 것을 도와주는 기적 같은 능력을 지니고 있었다. 페르세폴리스의 터키석은 사랑에 있어 행운을 가져다주며, 부부의 다툼을 막고, 왕의 분노를 피하게 해주며, 말을 길들이고, 매매하는 것을 용이하게 해준다. 묘안석은 그것을 가진 자의 재물과 지혜와 건강을 지켜주며, 바닷물같이 옅은 청록색의 녹주석은 눈이 침침해지는 증세와 악창에 쓰는 약이며 방랑자의 좋은 친구이다. 여러 색의 마노를 지니고 있는 자는 반대자들의 음모를 두려워하지 않으며 지진으로 인한 압사의 위험으로부터 벗어난다. 비취, 즉 연옥(軟玉)은 번개를 맞지 않게 해주며 뿌옇듯 투명한 얼룩 마노는 불과 광기로부터 주인을 지켜준다. 벽옥은 짐승들을 떨게 만들며, 제비 마노는 달변이 되게 해주고, 알이 부화할 때가 되었을 때 독수리가 자기 둥지에 가져다 놓는 독수리 마노는 임신한 여인들이 선호하는 것이다. 오팔에서 나오는 남옥(藍玉)은 작은 태양처럼 빛이 나며, 노란 금색의 귀감람석은 상인과 도둑들의 친구이다. 붉은 줄무늬가 있는 마노는 왕들과 왕비들에게 사랑을 받았으며, 적황색의 히아신스석은 잘 알려진

대로 벽도 꿰뚫어 볼 정도로 날카로운 눈을 가진 살쾡이의 위장 속에서 발견되는데, 이 보석은 소유자의 안광을 두드러지게 할 뿐만 아니라 코피를 멎게 하고 돌과 쇠에 의한 상처를 제외한 모든 종류의 상처를 치유해준다.

왕은 페르시아해(海)에서 자신의 관노들이 채집해 온 값비싼 진주 목걸이를 술라미의 목에 걸어주었고, 그 진주는 그녀의 체온으로 인해 생생한 광채와 부드러운 색조를 띠었다. 산호는 그녀의 검게 그을린 가슴 위에서 더 붉어졌고, 터키석은 그녀의 손가락에서 활기를 띠었으며, 머나먼 북쪽 바닷가에서 두로왕 히람의 용감한 선원들이 솔로몬왕에게 선물로 가져온 노란 호박 장신구들은 술라미의 손에서 화려한 불꽃을 발했다.

술라미는 밤을 준비하며 자신의 침상에 수선화와 백합화들을 놓아두었고, 왕은 그녀의 가슴에 기댄 채 마음이 즐거워 이렇게 말했다.

"너는 오빌 나라 왕의 배를 닮았구나. 오 내 사랑, 너는 하얀 꽃 사이에서 성스러운 강을 따라 흔들거리며 항해하는 마치 황금으로 만든 가벼운 배와 같다."

왕 중의 왕이요 현자 중의 현자인 솔로몬에게 처음이자 마지막인 사랑이 그렇게 찾아왔었다.

그로부터 많은 시간이 흘렀다. 왕국들과 왕들이 있었지만 사막 위를 내달리는 바람처럼 그들에게선 아무런 흔적도 남지 않았다. 길고 긴 참혹한 전쟁들이 있었고 장군의 이름들이 세월 속에서 피의 별처럼 빛나기도 했지만 시간은 그들에 대한 기억조차도 지워버렸다.

포도밭의 가난한 소녀와 위대한 왕의 사랑은 어느 때도 그냥 스쳐지

나가지 않았고 잊혀지지 않았다. 왜냐하면 사랑은 죽음처럼 견고하고, 사랑을 하는 모든 여인은 왕비이며, 사랑은 아름다운 것이기 때문이다!

9

시인이고 현자이자 왕인 솔로몬이 새벽에 포도밭에서 마주친 가난한 소녀를 자신의 궁전으로 데리고 온 지 이레가 되었다. 이레 동안 왕은 그녀와 사랑을 나누었지만 그것에 흡족할 수 없었다. 그래도 황금색 태양 빛과 같은 큰 기쁨이 그의 얼굴에서 비쳤다.

따뜻하게 빛나는 달밤, 달콤한 사랑의 밤이었다! 호랑이 가죽으로 만든 침상에는 벗은 술라미가 누워있었고, 왕은 그녀의 발 근처 바닥에 앉아서 자신의 에메랄드 술잔에 마레오티스산(産) 포도주를 가득 채워 사랑하는 여인의 건강을 위해 마셨다. 흡족해진 그는 그녀에게 먼 옛날의 지혜롭고도 신기한 이야기를 해주었다. 술라미는 솔로몬의 머리 위에 손을 얹고 그의 검은 곱슬머리를 쓰다듬었다.

"내 왕이시여, 말해주세요."—한번은 술라미가 물었다—"내가 당신을 이렇게 갑자기 사랑하게 될 것이 놀랍지 않으세요? 지금 모든 것이 기억나요. 내가 당신을 보지도 못하고 당신의 목소리만 들었던 그 첫 순간부터 나는 당신에게 속하게 될 것 같아요. 심장이 고동쳤고 마치 여름날 밤 남쪽으로 부는 바람에 꽃이 피듯이 당신을 향해 내 마음이 열렸죠. 내 사랑하는 이여, 무엇으로 날 사로잡았나요?"

왕은 술라미의 부드러운 무릎에 머리를 기댄 채 온화하게 웃으면서 대답했다.

"내 사랑, 너 이전에도 수많은 여인들이 자신의 남자에게 이런 질문을 했고, 너 이후에도 수천 년 동안 여인들은 자신의 연인에게 이에 대해 물어볼 것이다. 내가 이 세상에서 이해하지 못하는 것이 세 가지가 있다. 그리고 또 하나 내가 깨닫지 못한 것이 있지. 그것은 하늘에서 독수리가, 절벽에서 뱀이, 또 바다에서 배가 어디로 가는지 모른다는 것이다. 그리고 여인의 마음을 향한 남자들의 움직임도 모르지. 이건 내 생각이 아니다. 술라미, 이건 야게의 아들 아굴의 많은 제자들이 전한 것이지. 우리는 타인의 지혜를 존중한다."

"그래요."―생각에 잠긴 채 술라미가 말했다―"아마도 사람은 영원히 그걸 이해할 수 없을 거예요. 오늘 연회 때 내 가슴에는 향기가 나는 때죽나무 꽃다발이 있었죠. 하지만 당신이 식탁에서 물러났을 때 꽃에서 더 이상 향기가 나지 않았어요. 오 왕이시여, 내 생각엔 여인들, 남자들, 짐승들, 심지어 꽃들까지도 당신을 사랑해야만 하는 것 같아요. 나는 때때로 생각해보지만 알 수가 없어요. 당신 말고 다른 누군가를 어떻게 사랑할 수 있을까요?"

"너 역시 그런 사람이다, 술라미! 매 순간 나는 내 앞길에 너를 보내주신 신에게 감사하고 있다."

"난 기억하고 있어요, 내가 돌담 위에 앉아 있었고, 내 손 위에 당신이 손을 얹었죠. 불꽃이 내 혈관을 타고 내달렸고 머리는 아찔해졌어요. 난 당신께 이렇게 말했죠:≪내 사랑, 당신이 나의 주인이오, 나의 왕입니다!≫"

"술라미, 나도 기억한다. 내가 부르자 네가 뒤돌아보았지. 그때 나는 내가 신을 사랑하는 만큼 사랑하게 된 얇은 옷 속의 아름다운 너의 육체를 보았지. 태양이 키스한 듯한 금빛 솜털에 덮인 네 몸을 사랑한다. 넌 파라오의 마차에 매인 암말처럼 맵시가 있고, 암미나답의 마차처럼 아름답다. 네 눈은 마치 샘물가에 앉아 있는 두 마리 비둘기 같구나."

"오, 내 사랑, 당신의 말은 저를 흔들어 놓고 당신의 손은 절 달콤하게 타오르게 합니다. 오, 나의 왕이시여, 대리석 기둥 같은 당신의 다리는 마치 백합화를 두른 밑 짚단 같아요."

그들은 시간과 공간을 잊은 채 고요한 달빛에 둘러싸여 있었다. 얼마의 시간이 흐른 뒤 그들은 조용한 격자창에 붉은 여명이 깃드는 것을 보고 놀랐다.

역시 어느 날 술라미가 말했다.

"사랑하는 나의 님, 당신은 수많은 여인과 처녀들을 알았고, 그들 모두 지상에서 가장 아름다운 여인들이었습니다. 평범하고 배우지 못한 처녀인 제 자신에 대해, 또 태양빛에 불탄 제 가난한 육신에 대해 생각을 하면 전 부끄러워집니다."

하지만 술라미의 입술을 만지면서 왕은 끝없는 사랑과 감사의 마음으로 말했다.

"술라미, 너는 왕비란다. 너는 진정한 왕비로 태어났어. 너는 사랑 속에서 용감하고 너그럽다. 내겐 칠백 명의 아내와 삼백 명의 첩이 있고 또 수 없이 많은 처녀를 알지만, 너는 여인들 중 가장 아름답고 또한 유일한 여인이다. 페르시아만 해저에서 잠수부는 왕관에 적합한 진주를 찾기에 앞서 값어치가 없는 작은 진주들이나 속이 텅 빈 조개들을 바구니에 채워 넣는데, 내가 널 찾아내게 된 것도 바로 그런 이치에 의해서다. 내 사랑, 사람은 수천 번이나 사랑을 할 수 있지만 진짜 사랑은 단 한번만 하게 되지. 많은 사람들은 자신이 사랑을 하고 있다고 생각하지만 신은 그들 중 두 명에게만 진짜 사랑을 하게 한다. 네가 사이프러스 나무들 사이의 삼나무 아래 풀밭에서 내게 자신을 맡겼을 때 나는 내게 베풀어주시는 여호와께 진정으로 감사했단다."

또 어느 때에 술라미가 이렇게 물어보았다.

"당신을 사랑하지 않을 수 없기 때문에 그 모든 여성들이 당신을 사랑했다고 알고 있어요. 시바의 여왕은 자기 나라를 떠나 당신을 찾아 왔죠. 그녀는 지상에 있던 어떤 여인들 보다 더 지혜롭고 아름답다고들 말하지요. 꿈속에서 그녀의 대상 행렬을 떠올려 보았어요. 하지만 왜 아주 어린 시절부터 내가 유명한 사람들의 마차에 이끌렸는지를 모르겠어요. 아마 전 그 당시 일곱 살이거나 여덟 살쯤 되었을 거예요. 자색 옷에 뒤덮인 황금 마구를 차고 무거운 짐들을 가득 실은 낙타들과 양쪽 귀 사이에 황금 방울을 매단 노새를 기억해요. 또 은으로 된 우리 안에 있던 재미있게 생긴 원숭이나 신기한 공작들도 기억하죠. 엄청나게 많은 하인들이 희고 푸른 옷을 입고 가고 있었죠. 그들은 길들여진 호랑이나 표범을 붉은 색 줄에 엮어서 끌고 갔어요. 그때 전 겨우 여덟 살이었죠."

"오, 그때 네가 겨우 여덟 살이었구나." 솔로몬이 우울하게 말했다.

"솔로몬, 당신은 나보다 그녀를 더 사랑했지요? 그 여자에 관해 뭐든 이야기해주시지 않겠어요?"

그러자 왕은 그 놀라운 여인에 대한 모든 것을 술라미에게 말해주었다. 시바의 여왕은 이스라엘 왕의 지혜와 외모에 대한 많은 이야기를 듣고 그의 지혜를 시험해보고 그의 마음을 지배하고자 자기 나라를 떠나 솔로몬에게 왔던 것이다. 그녀는 사십 대의 격조 높은 여인이었고 이미 시들기 시작했다. 하지만 그녀는 알려지지 않은 신비한 방법으로 흐느적거리는 그녀의 몸을 처녀처럼 매끈하고 유연하게 보이게 했고, 그녀의 얼굴은 인간의 것이 아닌 아름다운 문양을 새기고 있어 신비롭게 보였다. 하지만 그녀의 지혜는 평범한 인간의 지혜였고, 더욱이 별로 내세울 것 없는 여인의 지혜에 불과했다.

그녀는 수수께끼로 왕을 시험하고자 성년이 되지 않은 쉰 명의 소년과 쉰 명의 소녀를 솔로몬에게 보냈다. 그들 모두는 교묘하게 옷을 입어서 가장 날카로운 눈초차도 그들의 성별을 구분하지 못할 정도였다. 발키스(시바 여왕)가 이렇게 말했다. ≪만일 당신이 이들 중 누가 여자고 누가 남자인지 말해 준다면 난 당신을 지혜로운 자로 칭하겠소≫.

그러자 왕은 웃음을 터트리더니 보내진 사람들이 얼굴을 씻을 수 있도록 은으로 만든 대야와 항아리를 차례대로 가져다주라고 명령했다. 소년들은 손으로 물을 튀기고는 손에 물을 담아 얼굴로 가져가더니 거침없이 피부를 닦았고, 소녀들은 항상 여성들이 세면하는 식으로 행동을 했다. 소녀들은 물에 얼굴을 가까이 대고는 손으로 조심스럽게 씻었던 것이다.

이렇게 왕은 발키스 마케다의 첫 번째 수수께끼를 아주 쉽게 풀어버렸다.

그 다음에 그녀는 솔로몬에게 나무 열매 크기의 큰 다이아몬드를 보냈다. 그 보석에는 아주 가늘고 구불구불한 틈이 있었는데, 그 틈은 보석 전체를 관통하면서 좁고 복잡한 구멍을 이루고 있었다. 이 보석을 비단실로 꿰어야만 했었다. 지혜로운 왕은 누에를 구멍으로 집어넣었고, 누에는 바깥으로 나오면서 가는 비단실을 자신이 지난 온 길에 남겨 두었다.

아름다운 발키스는 또다시 솔로몬 왕에게 대단한 예술 작품인 붉은 줄무늬 마노로 만든 값비싼 받침이 달린 잔을 보냈다. 그녀는 왕에게 다음과 같이 이르라고 지시했다: "만일 당신이 이 잔을 하늘의 것도 아니고 지상의 것도 아닌 수액으로 채운다면 이 잔은 당신의 것이 될 것입니다." 솔로몬은 지친 말에게서 떨어지는 거품으로 잔을 채우고 난 뒤 그걸 여왕에게 가져가라고 지시했다.

여왕은 여러 개의 유사한 수수께끼들을 솔로몬에게 제시했지만 그의 지혜를 굴복시킬 수 없었고, 밤의 관능을 위한 어떤 은밀한 수단들로도 솔로몬의 사랑을 차지할 수가 없었다. 결국 솔로몬 왕은 그녀를 성가신 존재로 여겨 비정하고 모욕적인 방법으로 비웃어 주었다.

시바의 여왕이 어느 누구에게도 자신의 다리를 보여 주지 않는다는 것은 모두가 알고 있는 사실이었다. 그녀는 땅까지 내려오는 긴 옷을 입고 있었다. 심지어 사랑의 애무를 하는 순간에도 그녀는 굳게 닫힌 옷으로 자신의 다리를 감추었다. 그것 때문에 이상하고 웃기는 여러 가지 소문들이 생겨났다.

어떤 이들은 여왕의 다리가 털이 복슬복슬한 염소 다리라고 말했고, 어떤 이들은 그녀에게 갈퀴가 있는 거위 발이 있다고 확언했다. 심지어 발키스 여왕의 어머니가 언젠가 멱을 감고 난 뒤 잠시 거위로 변한 어떤 신이 씨를 남겨 놓은 모래 위에 앉았고 이 때문에 그녀가 아름다운 시바의 여왕을 임신했다는 이야기도 있었다.

그래서 어느 날 솔로몬은 자신의 방들 중 한 곳에 아래 부분을 비워 두고 그 위에 투명한 수정 마루를 설치하라고 명령하고는, 빈 부분에 물을 채우고 살아있는 물고기들을 풀어놓았다. 이 모든 것은 사람들이 그곳에 유리가 놓여있다는 것을 알아차리지 못하고 그냥 깨끗하고 신선한 물이 가득 찬 수영장이 앞에 놓여 있다고 확신할 정도의 특별한 기술로 만들어졌다.

모든 것이 준비되었을 때 솔로몬은 귀빈을 모임에 초대하였다. 화려한 수행원들에 둘러싸인 그녀가 레바논 궁전의 방들을 지나 덫이 설치된 수영장에 이르렀다. 금과 보석들로 빛나는 왕이 수영장 끝에 앉아 자신의 검은 눈에 환영의 시선을 담아 보내고 있었다. 여왕 앞쪽의 문이 열렸고 그녀는 한 발 앞으로 내밀었다. 그러나 비명을 지르더니......

술라미는 아이같이 즐겁게 웃음을 터뜨리고는 손바닥을 쳤다.

"그녀가 몸을 숙여 옷을 들어 올렸나요?" 술라미가 물었다.

"그렇단다, 내 사랑, 그녀도 모든 여자들이 하는 것처럼 그렇게 행동했단다. 그녀는 자신의 옷자락을 위로 들어 올렸고, 비록 그것이 잇순간이었지만 나와 내 시종들은 아름다운 시바의 여왕 발키스 마케다가 평범한 인간의 다리를 가지고 있음을 보았다. 그런데 그녀의 다리는 휘었고 짙은 털로 덮여 있었지."

"다음날 그녀는 나와 인사도 하지 않고 길을 떠날 준비를 하더니 자신의 화려한 행렬과 함께 가버렸지. 난 그녀를 모욕할 생각이 없었기에 그녀의 뒤를 좇아 빠른 전령을 보내서 몸의 털을 제거하는데 가장 효험이 있는 희귀한 산약초 다발을 전하라고 명령했지. 하지만 그녀는 값비싼 자주 빛의 고급 직물로 짠 자루에 내 전령의 머리를 담아 되돌려 보냈단다."

계속해서 솔로몬은 자신의 연인에게 아무도 알지 못했던, 술라미도 무덤까지 가지고 갔던 자신의 삶에 대해 많은 것을 말해주었다. 왕은 술라미에게 형들의 분노와 아베살롬의 질투와 아도니아의 시기를 피해 혹독한 가난과 상실감을 참으며 타인의 이름으로 낯선 땅에서 살게 되었을 때의 길고 힘든 방랑의 세월에 관해 이야기했다. 왕은 술라미에게 멀고 먼 미지의 나라에서의 일에 대해 말해주었다. 그 당시 솔로몬은 어디서건 자신에게 일을 시켜주길 기대하며 시장에 서 있었는데, 왕궁의 요리사가 그에게 다가와 이렇게 말했다.

"이방인이여, 생선이 든 이 바구니를 궁전으로 나르는 것을 도와주게."

지혜와 능숙함, 그리고 뛰어난 처세술로 솔로몬은 시종의 눈에 들어 곧바로 궁전에 뿌리내릴 수 있었고, 선임 요리사가 죽자 솔로몬은 그의 자리를 대신하게 되었다. 이어서 솔로몬은 왕의 외동딸인 아름답고 정열적인 소녀가 어떻게 새 요리사에게 반하게 되었는지, 어떻게 그녀 자신도 모르게 사랑을 고백하게 됐는지, 어떻게 그들이 한밤중에 궁전에서 도망을 치

다가 다시 잡혀 끌려오게 됐는지, 또 솔로몬이 사형 선고를 받았지만 어떻게 기적적으로 토굴 감옥에서 탈출하게 되었는지를 이야기했다.

술라미는 솔로몬의 이야기에 깊이 빠져들었다. 왕은 말을 멈추었고, 밤의 정적 속에서 그들은 입술을 포개며 손을 마주잡고 가슴을 맞대었다. 아침이 밝았을 때 술라미의 몸은 사랑의 피로로 녹초가 되어 그녀의 아름다운 눈에는 거무스름한 그림자가 드리워졌다. 그녀는 상냥한 미소를 지으며 말했다.

"사과로 나에게 생기를 주고, 포도주로 내 힘을 북돋아 주세요. 난 사랑으로 탈진했답니다."

10

밧엘합산 이시스 신전에서는 소수의 신관들에게만 허용된 거대한 비밀의식의 일부가 방금 전 마무리 되었다. 흰 옷에 수염도 없고 구레나룻도 없이 삭발한 머리의 당직 사제가 제단의 높은 곳에서 사람들을 향해 돌아서더니 조용하고 피곤한 듯한 목소리로 말했다.

"내 아들과 딸들이여, 평안키를 바라오. 그리고 공을 세우고, 여신의 이름을 칭송하시오. 그리하면 당신들을 향한 그녀의 은혜가 수천 년 동안 있을 것이오."

그는 축복을 하면서 사람들 위로 손을 치켜들었다. 그러자 모든 신관들이 비밀 의식의 작은 무리를 지어 바닥에 엎드렸다가 다시 조용히 일어나 아무 말도 없이 출구로 향했다.

오늘은 오시리스와 이시스에게 헌정된, 이집트력으로 첫째 달의 칠 일째 되는 날이었다. 어제부터 등잔, 야자수 잎, 몸통이 불룩한 항아리들, 신비한 신들의 표식들과 남근상의 성물(聖物)을 든 의식 행렬이 사원 주위를 세 번이나 돌았다. 행렬의 가운데에는 신관들과 차석 선지자들이 진주, 상아, 금으로 장식된 값비싼 나무로 만들어진 제단을 어깨에 메고 있었다. 그 곳엔 '보이지 않으며', '다산(多産)을 주며', '비밀스러우며', 신(神)들의 어머니이자 누이이고 아내인 바로 그 여신이 있었다.

사악한 세트는 자신의 형제인 신성한 오시리스를 연회로 유인한 후 간교한 술책을 써서 그를 화려한 관(棺) 속에 눕게 만든 다음 뚜껑을 닫고는 위대한 신의 몸이 들어 있는 그 관을 나일 강에 던져버렸다. 막 호루스를 낳은 이시스는 비탄과 눈물 속에서 남편의 시신을 찾아 사방을 헤맸으나 오랫동안 시신을 찾지 못했다. 관이 파도에 쓸려 바다로 가서 비블로스란 곳에 박혔다고 그녀에게 말해준 것은 물고기들이었다. 비블로스 주변엔 거대한 나무가 자라고 있었는데 자신의 줄기에 신의 몸을 싣고 떠다니는 관을 감추고 있었다. 그 나라의 왕은 나무속에 위대한 생명의 사자(使者) 오시리스 신이 들어 있는 것도 모르고 그 거대한 나무로 큰 기둥을 만들라고 지시했다. 이시스가 비블로스로 갔다. 그녀는 더위와 갈증과 힘든 자갈길에 지친 상태로 그곳에 도착했다. 그녀는 나무 가운데서 관을 꺼내 직접 그것을 옮겨 도시 담벽 아래의 땅 속에 숨겨두었다. 하지만 세트는 또다시 아무도 모르게 오시리스의 육신을 훔쳐 그것을 열네 조각으로 잘라 상, 하 이집트의 모든 도시와 마을에 뿌렸다.

또다시 커다란 슬픔과 흐느낌 속에서 이시스는 형제이자 남편의 성스러운 육신을 찾기 위해 떠났다. 그녀의 자매인 네프티스 여신과 강력한 토트, 그녀의 아들인 고결한 호루스의 비탄이 이시스의 울음소리에 더해졌다.

첫 번째 예배 의식인 이 행사는 이런 비밀스런 의미를 가지고 있었던 것이다. 이제 평신도들의 퇴장이 있고 약간의 휴식 후에 성대한 두 번째의 비밀 의식이 치러져야 했다. 사원에는 오직 고위 성직자인 비교(秘教)사제, 수석(首席)사제, 예언자, 신관들만이 남게 되었다.

흰 옷을 입은 소년들이 고기, 빵, 건과일, 달콤한 펠루시아 산(産) 포도주를 은쟁반에 실어 날랐다. 어떤 이들은 병 입구가 좁은 두로 산(産) 식기에서 시케르9)를 부어냈다. 시케르는 그 당시 사형 집행을 앞둔 죄수에게 담대함을 불어 일으키기 위해 제공되기도 했지만, 사람들에게 신기(神氣)의 불씨를 타오르게 하고 지속하게 하는 위대한 성질을 가지고 있기도 했다.

수석 신관의 신호에 소년들이 물러났다. 문지기 신관이 모든 문을 잠갔다. 그런 후 그는 주의 깊게 사람들의 얼굴을 살펴보고는 오늘 밤 입장 암호를 그들에게 물어보면서 남아있는 사람들을 살펴보았다. 다른 신관 두 명은 사원을 따라 각각의 기둥을 돌면서 수레에 실린 은 향로를 끌고 다녔다. 사람을 도취시키는 짙은 푸른색의 향이 사원을 가득 채웠고, 투명한 돌로 만들어진 등잔 속에서 여러 가지 색을 가진 불꽃이 연기 층을 뚫고 희미하게 보였다. 황금 틀에 끼워진 등잔은 긴 은사슬에 의해 천장에 매달려있었다. 작은 규모와 소박함이 특징인 오시리스와 이시스의 사원은 오래 전에 산 깊숙한 곳의 동굴처럼 파여진 곳에 세워졌

---

9) 역주: 맥주 비슷한 중동의 주류.

다. 지하의 좁은 복도는 밖에서 사원으로 이어져 있었다. 하지만 어린아이를 제물로 삼는 종교들을 제외한 모든 종교들을 후원한 솔로몬 치세에 이집트 출신의 아스티스 왕비의 지원에 힘입어 사원은 더 깊고 더 높게 커갔고 값진 헌물(獻物)들로 치장되었다.

예전의 제단은 초기의 작은 방들과 함께 근엄한 수수함을 보존한 채 남아 있었다. 제단을 둘러싼 방들은 헌물들과 보물, 성물(聖物)들을 보관하는 장소였고 가장 비밀스런 신비한 주신제의 특별한 목적을 위한 것이기도 했다.

하지만 기쁨의 신 하토르를 기리기 위한 탑문이 있는 외부 마당에는 스물네 개의 기둥으로 이루어진 사방으로 펼쳐진 열주가 세워져 있어 실제로는 웅장했다. 또 참배자를 위한 여러 기둥이 있는 안쪽 지하의 집회장도 화려하게 지어져 있었다. 집회장의 모자이크 처리된 바닥은 물고기나 짐승, 양서류, 파충류 따위의 형상으로 훌륭하게 장식되어 있었다. 하늘색 유약이 덮인 천장에는 금빛 태양이 번쩍이고 은빛 달이 비치며 수많은 별들이 반짝거렸고 새들이 날개를 펼치고 맴돌고 있었다. 바닥은 땅이었고 천장은 하늘이었으며, 둥글거나 여러 면각을 지니는 버팀목의 거대한 나무 기둥들이 바로 그 둘을 이어주고 있었다. 모든 기둥들은 부드러운 연꽃 모양이나 가는 파피루스 다발 모양의 대접받침으로 처리되어서 그것들 위에 놓인 천장은 실제로 하늘처럼 가볍게 공중에 떠 있는 것처럼 여겨졌다.

사람 키 높이의 벽들은 왕비 아스티스의 희망에 따라 테베에서 가져온 붉은 석류석 판(板)으로 둘러싸여 있었다. 테베 지역 장인들은 석류석을 거울과 같이 매끈하고 놀랄만한 빛을 내도록 가공할 수 있었다. 벽에는 마치 기둥처럼 상, 하 이집트 신들의 상징물들이 천장까지 이르도록 현란하게 조각되고 채색되어 있었다. 파윰지역에서 숭배되는 악어형상의 소벡, 도시 헤르모폴리스에서 따오기 모양으로 묘사되는 달의 신 토트, 예드파에서는 붉은 다리 매로 신성시 되는 태양의 신 호루스, 부바스티스의 고양이 모양의 바스테트, 공기의 신이자 사자 모양의 슈, 쁘타아피스의 암소 모양의 기쁨의 신 하토르, 자칼의 머리를 한 미이라의 신 아누비스, 도시 헤르몬티스의 몬투, 도시 콥트의 미누, 사이스에서 온 하늘의 신 네이트, 마지막으로 이름 없이 ≪서쪽의 지배자≫란 의미를 지닌 헨티에멘투라 불리는 양처럼 생긴 공포의 신이 그 곳에 있었다.

어슴푸레한 제단은 사원 위로 솟아 있었고, 사원 깊숙이 이시스의 형상을 숨기고 있는 지성소 벽이 금색으로 흐릿하게 빛났다. 커다란 세 개의 출입구와 가운데 두 개의 샛문은 지성소로 이어졌다. 가운데 샛문들 앞에는 에디오피아산(産) 흑요석으로 만든 성스러운 돌 칼과 함께 기도대가 놓여 있었다. 계단은 제단으로 이어졌고, 계단 위에는 청년 신관들과 여자 신관들이 탬버린, 세타르10), 피리, 북 등을 가지고 늘어서 있었다.

왕비 아스티스는 작은 비밀 방에 누워있었다. 무거운 휘장으로 교묘하게 가려진 크지 않은 구멍이 바로 제단으로 연결되어 있어 자신의 존재를 알리지 않고도 비밀 의식의 모든 것을 살펴볼 수 있게 해주었다. 은이 섞인 아마사(亞麻絲)로 된 옷은 어깨와 종아리 중간까지 드러낸 채 왕비의 육체에 착 달라붙어 감싸고 있었다. 그녀의 피부는 속이 비치는 천을 통해 분홍빛을 띠었으며, 서른의 나이에도 불구하고 아직까지 유연성과 아름다움과 싱그러움을 잃지 않은 그녀의 매끈한 육체의 굴곡과 모

---

10) 역주: 중동 지방의 현악기.

든 신체 선을 뚜렷이 드러내고 있었다. 푸른색으로 염색된 그녀의 머리 카락은 어깨와 등까지 늘어져 있었고 그 끝은 향기를 내는 무수한 구슬들로 치장되어 있었다. 얼굴은 아주 발갛게 상기되어 있었고, 먹으로 가늘게 그린 눈은 크게 보여 마치 고양이과(科) 맹수의 눈 같이 어둠 속에서 타올랐다. 성스러운 황금 뱀 장식이 그녀의 목을 타고 내려와 반라의 가슴을 가르고 있었다.

감당할 수 없는 아스티스의 색욕에 지쳐버린 솔로몬이 그녀에게 냉담해졌을 때부터 그녀는 남국(南國)의 관능적 정열과 상처받은 여성의 질투에 의한 분노로 이 기괴한 정욕의 주신제에 탐닉하게 되었다. 이시스에게 바치는 거세 의식이 주신제의 절정을 이루었다. 그녀는 항상 거세된 신관들에게 둘러싸여 있었다. 지금도 신관들 중 하나가 계속해서 그녀의 머리에 공작 깃털로 만든 큰 부채를 부치고 있고, 나머지는 물기를 머금은 광기의 눈동자로 왕비를 응시하면서 바닥에 앉아있다. 그들은 자신들 쪽으로 날아오는 왕비의 몸 냄새를 맡으려 콧구멍을 크게 벌렁거렸고, 떨리는 손가락으로 조금씩 흔들거리는 왕비의 얇은 옷자락을 슬쩍 만져보려고 애쓰고 있었다. 절대 만족될 수 없는 과도한 정욕은 그들의 환상을 극도로 예민하게 만들었다. 여신 키벨레와 아슈르의 유희에서 그들은 이미 인간들이 생각해 낼 수 있는 경계를 넘어섰다. 즉, 왕비 때문에 서로를 질투했고 다른 모든 여인들과 남자들 그리고 아이들을 질투했으며, 심지어는 왕비 자체를 시기하면서도 그들은 이시스 여신보다 왕비를 더 숭배했다. 그들은 정욕이나 가혹한 시련의 끝없는 불꽃의 원천이 그러하듯이 왕비를 사랑하면서도 증오했던 것이다.

왕비 아스티스에 대한 의혹에 찬, 섬뜩하고 무섭지만 매력적인 소문이

예루살렘에 돈 적이 있었다. 잘생긴 소년, 소녀를 가진 부모들은 그녀로 부터 아이들을 숨겼고, 부부간의 침대에서도 그녀의 이름을 부르기를 두 려워했었다. 그녀의 이름은 모독과 불행의 상징이었다. 하지만 흥분케 하고 정신을 혼미케 하는 호기심으로 인해 영혼들은 그녀에게 이끌려 그 녀의 육체의 힘에 사로잡혔다. 한번이라도 그녀의 맹렬하고 살인적인 애 무를 경험한 사람은 절대로 그녀를 잊을 수 없었으며 그녀의 영원하고 가련한 일방적인 사랑의 노예가 되었다. 그녀의 새로운 목표가 되기 위 해 모든 죄악과 굴욕과 범죄를 행할 준비가 된 사람들은 오빌나라에서 들여온 달콤한 환상을 일으키는 쓰디쓴 아편 음료를 맛 본 뒤에 절대로 거기서 벗어날 수 없게 되었으며, 광기와 기진맥진으로 자신의 삶이 끊 어지기 전까지 단지 아편 하나만 믿고 경배하는 불행한 사람들처럼 되었 던 것이다.

더운 공기 속에서 천천히 커다란 부채가 흔들거렸다. 소리 없는 환희 속에서 신관들은 자신들의 무시무시한 지배자를 바라보았다. 하지만 그 녀는 그들의 존재는 잊어버린 채 반대쪽 제단 방향을 집요하게 바라보고 있었다. 언젠가 그 곳에서는 오래된 금 휘장의 어두운 틈 사이로 이스라 엘 왕의 멋있고 빛나는 얼굴을 볼 수 있었다. 잔혹하고 열정적인 왕비는 자신의 정열과 죄 많은 마음으로 솔로몬 한 사람만을 짝사랑했다. 그녀 는 그의 스쳐 지나는 눈길, 상냥한 말, 그 손의 감촉을 여기저기서 찾으 려 했지만 이루지 못했다. 솔로몬이 공주이자 왕비인 그녀에게 축하행사, 궁전에서의 만찬, 재판정에서 경의를 표하긴 했지만 그녀에 대한 그의 영혼은 죽어있었다. 자존심 강한 왕비는 종종 레바논 궁전 옆으로 가자 고 지시했다. 신하들에게 둘러싸여 있는 잊을 수 없을 만큼 아름답고 당당한 솔로몬의 얼굴을 비록 멀리서라도 수레의 무거운 휘장 사이로 몰래 보고 싶었던 것이다. 그렇게 오래 전부터 왕을 향한 그녀의 불타는 사랑은 타오르는 증오와 함께 깊숙이 자라나서 아스티스 왕비 자신도 그 둘을 구별할 수 없을 정도였다.

옛날 어느 성대한 축제 때 솔로몬은 이시스 신전을 방문해 여신에게 제물을 바쳤고, 이집트 파라온 다음가는 최상위 신관의 호칭까지 받았었다. 하지만 ≪다산(多産)을 위한 피의 제물≫이라는 무시무시한 비밀 의식 때문에 그의 몸과 마음은 모든 신의 어머니를 섬기는 것을 외면했다. 왕은 이렇게 말했었다.

"무지나 강압, 또는 우연이나 병에 의해 고자가 된 자는 신 앞에 부끄러움이 없으나 스스로 거세한 자는 가엾도다."

그리고 일년 동안이나 사원에 있는 왕의 자리는 비어 있었다. 이젠 왕비의 이글거리는 눈동자만이 움직이지도 않는 커튼을 공연히 응시하고 있을 뿐이었다.

그러는 사이 포도주, 시케르, 몽환초 따위가 사원에 모여 있던 사람들에게서 눈에 띄는 효력을 발휘하기 시작했다. 비명과 웃음소리, 은제 식기가 돌바닥에 떨어지는 소리가 더 자주 들려왔다. 거대한, 피의 제물의 비밀스런 순간이 다가오고 있었다. 황홀경이 신도들을 감싸기 시작했다.

왕비는 흐트러진 눈빛으로 사원과 신도들을 둘러보았다. 주위엔 솔로몬의 수행원이나 장군들 중 지위가 높고 존경 받는 이들이 많았다. 아르고비야 지역 총독인 벤 게베르, 공주 바세마피와 결혼한 아히마스, 현자 벤 데케르, 동방의 관습에 따라 ≪왕의 친구≫란 높은 칭호를 가지고 있는 조부프, 다윗이 첫 번째 결혼에서 낳은 솔로몬의 형제 달루야, 늘어져 반쯤 죽은 사람, 방종과 폭음으로 일찌감치 바보짓을 하는 사람 등. 서로 신앙이나 이해관계가 다르고, 어떤 이는 타인을 좇아오기도 하고 어떤 이는 정욕을 해소하기 위해 왔지만 이들 모두는 이시스를 숭배하는 자들이었다.

긴장한 채 상념에 빠진 왕비의 시선은 오랫동안 아름다운 청년 엘리압의 얼굴에 멈춰 있었다. 그는 왕궁 경호대의 책임자 중 한 사람이었다.

왕비는 왜 그의 거무스름한 얼굴이 그렇게 선명한 색으로 타오르는지, 왜 그의 뜨거운 눈동자가 정념의 우수를 머금은 채 왕비가 아름다운 흰 손으로 커튼을 살짝 건드려 움직여주기를 갈망하는지를 알고 있었다. 언젠가 농담과 순간적인 변덕으로 그녀는 엘리압에게 자신과 함께 길고 긴 촉촉한 밤을 보낼 것을 강요했었다. 그녀는 아침이 되어서야 그를 놓아주었는데, 그 때부터 여러 날 동안 궁전이나 사원, 거리 곳곳에서 그녀의 뒤를 좇는 사랑에 빠진 순종적이고 우수에 찬 그의 두 눈이 계속해서 보이곤 하였다.

왕비의 검은 눈썹이 꿈틀거렸고, 그녀의 푸르고 긴 눈은 무서운 생각으로 갑자기 까맣게 되었다. 그녀는 환관에게 겨우 눈에 보일 정도로 손을 움직여서 큰 부채를 내려놓으라고 지시하고는 조용히 말했다.

"모두 나가거라. 후새, 너는 가서 왕궁 경호대장 엘리압을 내게 오라 이르라. 그 혼자만 내게 오게 하라."

11

흰 옷을 입은 열 명의 신관들이 붉은 얼룩을 묻힌 채 제단 가운데로 나왔다. 여자 옷을 입은 두 명의 신관이 그들 뒤를 따라 나왔다. 오늘 그들은 오시리스의 죽음을 통곡하는 네프티스와 이시스를 흉내 내야만 했다. 뒤이어 제단 깊숙한 곳으로부터 장식하나 없는 흰 가운을 입은 누군가가 나왔고, 모든 남자들과 여자들의 갈망하는 시선이 그에게 꽂혔다. 이 사람은 십년 동안 레바논산 속에서 힘겨운 금욕 수행을 했으며, 이제는 이시스 여신에게 자발적으로 위대한 피의 제물을 바칠 수행자였다. 굶주림으로 여위고 바람에 갈라지고 태양에 그을린 그의 얼굴은 긴장으로 인해 창백했고, 두 눈은 차갑게 아래를 향했으며, 이해할 수 없는 공포가 그에게서 대중들에게로 전달되었다.

마침내 백세 정도 되는 사원의 주임 신관이 나왔다. 그는 머리에 두건을 썼고, 어깨엔 호피를 걸쳤으며, 자칼 꼬리로 장식이 된 무늬가 그려진 무릎 덮개 천을 두르고 있었다.

그는 신도들 쪽으로 몸을 향한 뒤 짧고 떨리는 노인의 목소리로 말했다.

"수톤 - 디 - 고트푸 (왕께서 제물을 바치신다)."

그런 후 그는 제단 쪽으로 몸을 돌려 조수의 손으로부터 붉은 다리의 흰 비둘기를 받아 들고는 머리를 잘라 가슴에서 심장을 꺼내더니 제물대와 성스러운 칼에 그 피를 뿌렸다.

그는 잠깐 동안 침묵한 후 이렇게 외쳤다.

"위대한 운-노페르-오누프리에 아투무 신(神)이자 오나 신(神)인 오시리스의 죽음에 대해 통곡합시다."

이시스와 네프티스를 따라서 곧바로 여자 옷을 입은 두 명의 환관이 가늘고 화성이 섞인 목소리로 통곡을 시작했다.

"오, 아름다운 청년이시여, 당신의 집으로 돌아오소서. 당신을 보는 것은 지극한 행복입니다. 당신과 한 뱃속에서 잉태된 당신의 아내이자 누이인 이시스가 당신이 돌아오기를 고대하고 있습니다. 순결한 신이시여, 우리에게 당신의 얼굴을 보이소서. 여기 당신의 누이 네프티스가 있습니다. 그녀는 눈물로 범벅이 되어 슬픔에 제 머리를 뜯고 있습니다. 죽음과 같은 비애 속에서 우리는 당신의 아름다운 육신을 찾고 있습니다. 오시리스, 당신의 집으로 돌아오소서!"

다른 두 명의 신관들이 앞서 시작한 이들에 가세했다. 그들은 오시리스를 애도하는 호루스와 아누비스였는데, 그들이 한 구절 합창을 마칠 때마다 계단에 늘어서 있던 이들이 그 장엄하고 구슬픈 모티프들을 반복했다.

다시 그 노래가 불려질 때 이미 덮개를 치운 지성소(至聖所)의 제단으로 늙은 신관들이 여신의 조상(彫像)을 내왔다. 그러나 여신은 다리에서 머리까지 황금색 별들로 뒤덮인 검은 망토에 의해 싸여있어서 단지 뱀이 감고 있는 은빛의 다리와 머리 위의 암소 뿔이 연결된 은제 원반만이 보일 뿐이었다. 이시스 여신의 행렬은 제단의 작은 계단으로부터 아래로 사원의 벽을 따라 움직이기 시작했는데, 그 기둥들 사이로 향로와 시스트르의 소리에 맞춰 애끓는 울음소리가 들려왔다.

여신은 토트와 아누비스의 도움을 받아 생명을 불어 넣기 위해 흩어진 제 남편의 육신들을 모았다.

"오시리스, 당신의 멋진 머리를 지킨 도시 아비도스에게 영광을."

"우리가 위대한 신, 전쟁과 방어의 신의 오른손을 찾은 도시 멤피스에 영광을."

"또 성스럽고 공정한 신의 왼손을 숨겨주었던 도시 사이스에 영광을."

"운 - 호페르 - 오누프리에의 심장이 놓여있던 도시 피바여, 축복이 있으라."

여신이 제단 쪽으로 다시 돌아오면서 사원 전체를 돌자 합창 소리는 열정적으로 점점 더 커졌다. 성스러운 열기가 신관들과 신도들을 둘러쌓다. 이시스는 모태의 자궁에 다산(多産)을 주었고, 새로운 영원한 삶을 창조하는 성스러운 팔로스[11]를 제외한 모든 오시리스의 신체 부위를 찾아냈다. 이제 오시리스와 이시스의 비밀 의식에서 가장 장엄한 막(幕)이 다가오고 있었다.

"엘리압, 너냐?"

왕비는 조용히 문으로 들어오는 청년에게 물었다.

어두운 침상에서 그는 아무 소리 없이 그녀의 다리 근처에 앉아 그녀의 옷자락에 입맞춤을 했다. 왕비는 그가 환희와 수치와 욕망으로 인해 울고 있다는 것을 느꼈다. 그의 거친 곱슬머리에 손을 얹고 왕비가 말했다.

---

11) 역주: 남근(男根).

"엘리압, 왕과 포도밭에서 온 소녀에 대해 아는 대로 내게 말하여라."

"오, 왕비시여, 당신은 그를 너무 사랑하십니다!"
엘리압은 비탄의 신음 소리를 내며 말했다.

"말하라······." 아스티스가 명령했다.

"제가 무슨 말을 할 수 있겠습니까, 왕비시여? 제 가슴은 질투로 터질 것 같습니다."

"말하라!"

"그녀 외에 왕께서 그토록 사랑한 사람은 없었습니다. 그는 잠시도 그녀와 떨어지려고 하지 않습니다. 그의 눈은 행복에 차 있습니다. 그는 주변 사람들에게 자비와 재물을 베풀고 있지요. 이스라엘의 아비멜레흐 혈통이자 지혜로운 자인 그는 마치 노예처럼 그녀의 다리 주변에 앉아 개처럼 그녀에게서 눈을 떼지 않고 있습니다."

"계속하라!"

"오, 왕비님, 당신은 저를 갈기갈기 찢고 계십니다! 그녀는······ 그녀는 상냥함과 부드러움과 사랑으로 가득 차 있습니다! 그녀는 순종적이고 수줍음을 타지요, 자신의 사랑 외에는 아무것도 모르고 아무것도 보지 않습니다. 그녀는 누구에게도 적의나 시기나 질투를 불러일으키지 않아요."

"말하라!"

왕비는 자신의 부드러운 손가락으로 엘리압의 검은 고수머리를 움켜쥐고는 독살스럽게 신음 소리를 냈다. 그녀는 그의 얼굴을 자신의 목 쪽으로 끌어당기면서 자신의 가운에 박음질 된 속이 비치는 은실로 그의 얼굴에 생채기를 냈다.

그 순간 제단 위에서는 남녀 신관들이 종교적 광기 속에서 탬버린과 시스트르의 딸랑거리는 소리에 맞춰 짐승의 울부짖는 소리 같은 비명을 지르며 검은 덮개에 쌓인 여인의 형상 주변으로 달려들었다.

그들 중 몇 명은 코뿔소 가죽으로 만든 여러 갈래의 채찍으로 자신의 몸을 때렸으며, 어떤 이들은 단도로 제 가슴과 어깨에 피투성이의 긴 상처를 냈고, 또 다른 사람들은 손가락으로 제 입과 귀를 잡아 째고 손톱으로 얼굴을 할퀴었다. 이 광란의 합창이 진행되는 동안 레바논산에서 온 수행자는 흰 옷을 펄럭이며 누구도 따라 잡을 수 없을 만큼의 빠른 속도로 여신의 다리 주변 한 곳만을 빙글빙글 돌고 있었다. 한 최고 신관이 제자리에 멈추어 섰다. 그의 손에는 흑요석으로 만든 성스러운 제물용 칼이 쥐어져 있었고, 그는 최후의 공포의 순간에 그것을 건넬 준비가 되어 있었다.

"팔로스!" "팔로스!" "팔로스!"

광란하는 신관들이 무아지경 속에서 외쳤다.

"팔로스는 어디 있소, 오 신성한 신이여! 다산의 여신에게 오시오! 그녀의 가슴은 욕망에 빠져 있소! 그녀의 자궁은 뜨거운 여름의 사막과도 같소!"

일순간 미친 듯이 째지는 소름끼치는 비명소리가 합창소리를 집어삼켰다. 신관들은 재빨리 한쪽으로 비켜섰다. 사원에 있던 모든 사람들이 완전히 벌거벗은, 큰 키에 뼈만 앙상하고 누런 기괴한 육체의 레바논 수행자를 보았다. 최고 신관은 그에게 칼을 내밀었다. 사원 내부는 견디기 힘들 정도로 조용해졌다. 그러자 그는 재빨리 몸을 구부려 어떤 동작을 취한 후 곧추서더니 통증과 희열로 인해 찢어지는 듯한 비명을 지르며 형태가 불분명한 핏덩이를 갑자기 여신의 다리 쪽으로 내던졌다.

그가 비틀거렸다. 최고 신관이 조심스럽게 그의 등을 감싸 부축하고는 이시스 여신상 쪽으로 데려갔다. 그리고는 그가 다산의 여신의 입에 입맞춤 하는 것을 아무도 볼 수 없도록 하기 위해 검은 덮개를 조심스럽게 덮어주고 잠시 동안 그대로 두었다.

그 후 그는 곧바로 레바논 수행자를 손수레에 눕혀 제단 밖으로 실어냈다. 문지기 신관이 사원 밖으로 나왔다. 그는 나무망치로 거대한 청동 원판을 때려 다산의 여신의 위대한 비밀 의식이 수행되었음을 온 세상에 공포했다. 그러자 고음의 청동 울림소리가 이스라엘로 퍼져 나갔다.

아스티스 왕비는 여전히 온 몸을 떨며 엘리압의 머리를 뒤로 잡아채었다. 그녀의 눈동자는 긴장된 붉은 불꽃으로 타올랐고 조용히 또박또박 말했다.

"엘리압, 내가 널 유다와 이스라엘의 왕으로 만들어주길 바라느냐? 시리아, 메소포타미야, 페키니아, 바빌론 전역의 지배자가 되고 싶으냐?"

"왕비시여, 아닙니다. 전 단지 당신만을 원합니다."

"좋아, 넌 나를 지배하는 자가 될 것이다. 나의 모든 밤은 네 것이 될 게야. 내 모든 말과 모든 시선, 모든 숨결 역시 네 것이 될 것이다. 너는 암호를 알고 있으니 오늘 궁전으로 가서 그들을 죽여라. 넌 그들 둘 다 죽여야 한다! 그들 둘 다 말이야!"

엘리압은 무언가를 말하고 싶었지만 왕비가 그를 끌어 당겨 그의 입에 뜨거운 입술과 혀를 밀착시켰다. 키스는 지독히도 오랫동안 지속되었다. 그러다가 갑자기 그녀는 자신에게서 그를 떼어놓더니 짧게 명령을 내렸다.

"가거라!"

"알겠습니다,"

엘리압은 순종하듯 대답했다.

12

솔로몬의 위대한 사랑이 칠 일째 되던 날 밤이었다.

그날 밤 왕과 술라미의 사랑은 이상할 정도로 조용했고 매우 부드러웠다. 바로 어떤 고요한 슬픔과 조심스런 수줍음, 분명치 않은 예감이 그들의 말과 입맞춤과 포옹에 가벼운 그늘을 드리운 것이다.

하늘에서는 어슴푸레한 빛을 발하던 저녁을 깊은 밤이 삼켜버렸다. 창을 통해 그것을 바라보던 술라미의 시선이 짧고 부드럽게 반짝거리는 선명한 푸른색의 별에 멈추었다.

"내 사랑, 저 별은 뭐라고 부르죠?" 그녀가 물었다.

"저 별은 소프짓이라고 한다." 왕이 대답했다. "성스러운 별이지. 아시리아의 마법사들은 육체의 죽음 이후 모든 인간의 영혼들이 저 별에서 산다고 말한다."

"왕이시여, 당신은 그것을 믿습니까?"

솔로몬은 대답하지 않았다. 그의 오른 손은 술라미의 머리 위에 놓여 있었고, 왼손은 그녀를 안고 있었다. 그녀는 자신의 머리와 관자놀이로 날아오는 그의 향긋한 숨결을 느꼈다.

"혹시 우리도 죽고 난 후 당신과 그 곳에서 만날 수 있을까요?"

술라미가 불안해하며 물었다.

왕은 다시 침묵했다.

"내 사랑, 뭐든지 말 좀 해주세요."

술라미가 매우 조심스레 부탁했다.

그러자 왕이 대답했다.

"인간의 삶은 짧지만 시간은 끝이 없고 물질은 소멸하지 않는다. 인간은 죽어 육신이 썩음으로 대지를 비옥하게 하고, 대지는 이삭을 틔우고, 이삭은 알곡을 가져오고, 인간은 빵을 먹고 그것으로 제 몸에 영양분을 주지. 수많은 세월이 흐르면서 세상의 모든 것은 반복된다. 사람도, 짐승도, 돌도, 식물도 되풀이되지. 시간과 물질들의 수많은 반복 속에서, 내 사랑, 너와 나도 되풀이 될 게야. 만일 큰 자루에 바다의 모래를 가득 채우고 그 속에 값진 사파이어 하나를 던져 넣는다면, 시간이 얼마가 걸리던 간에 여러 차례 자루를 뒤지다보면 너는 그 보석을 찾을 수 있을 것이다. 너와 나의 만남도 그와 같이 분명하다. 술라미, 우리는 만나게 될 것이다. 우리가 서로를 알아챌 수 없더라도 우리의 가슴은 슬픔과 기쁨을 느끼며 서로에게 이끌리게 될 것이야. 온유하고 아름다운 나의 술라미, 우리는 이미 만났지만 그걸 기억하지는 못하게 된다."

"아녜요, 왕이시여, 아녜요! 난 기억할 거예요. 당신은 우리 집 창문 밑에 서서 이렇게 나를 불렀죠. ≪내 아름다운 여인이여, 나오너라. 내 머리가 밤이슬에 젖었구나!≫ 난 당신인지 알아차렸답니다. 그리고 당신을 떠올리자 기쁨과 공포가 내 심장을 감쌌죠. 왕이시여, 말해주세요. 솔로몬, 말해주세요. 당신은 내가 만약 내일 죽게 된다면 포도밭에서 온 검게 탄 피부의 술라미를 기억하실 건가요?"

그러자 마음이 슬퍼진 왕은 그녀를 자신의 가슴에 밀착시키며 작은 소리로 말했다.

"그렇게 말하지 말아라...... 아, 술라미, 그런 말은 하지마! 넌 신이 선택한 여인이고, 내 마음이 정한 진정한 왕비란다. 죽음은 널 건드리지 못할 것이야."

청동의 날카로운 소리가 갑자기 이스라엘 상공에 울려 퍼졌다. 그 소

리는 오랫동안 대기에서 떨리고 진동했으며, 잦아들었을 때도 그 잔향이
오랫동안 맴돌았다.

"이건 이시스 신전에서 비밀 의식이 끝났다는 소리로구나." 왕이 말했다.

"내 사랑, 난 무서워요!" 술라미가 소곤거렸다. "어둠의 공포가 내 영혼
으로 스며들었어요. 난 죽고 싶지 않아요. 아직 당신의 포옹을 즐기지도
못했는데...... 날 안아주세요. 날 더 세게 안아주세요. 마치 인장처럼 당신
의 가슴과 근육 속에 나를 새겨 주세요!"

"술라미, 죽음을 두려워 마라! 사랑은 죽음처럼 강하단다. 슬픈 생각을
떨쳐 버려라. 내가 다윗 왕의 전쟁이야기나 파라오 수사킴의 만찬이나 사
냥에 대한 이야기를 해줄까? 오빗 나라에서 일어났던 이야기 중 하나를
듣고 싶으냐? 아니면 바크라마디티요 왕의 기적에 대해 이야기 해줄까?"

"그래요, 내 주인님. 당신은 잘 아시는군요. 당신의 이야기를 들을 때면
내 마음은 기쁨으로 부풀어 오른답니다! 하지만 난 다른 것을 당신께 부
탁하고 싶어요."

"오, 술라미, 원하는 건 뭐든지! 내 인생을 원한다 해도 난 그것을 기꺼
이 네게 주마. 난 오직 네 사랑에 대한 보답이 너무 적지 않을까 걱정일
뿐이다."

어둠 속에서 술라미는 행복에 겨워 미소를 지었다. 그리고 손으로 왕
을 감싸 안고는 그의 귀에다 대고 이렇게 소곤거렸다.

"아침이 오면 함께 포도밭으로 가요...... 풀과 사이프러스 나무들과 삼나무들이 있는 그 곳으로 가요, 돌담 근처에서 당신이 내 영혼을 앗아간 그 곳으로...... 내 사랑, 부탁해요...... 그 곳에서 다시 내 매력을 보여 드릴게요......"

왕은 기뻐서 자신의 사랑하는 여인의 입술에 입을 맞추었다.

갑자기 술라미가 침대에서 일어나 귀를 기울였다.

"내 사랑, 무슨 일이지? 무엇 때문에 놀란 거야?"

솔로몬이 물었다.

"내 사랑, 잠깐만요...... 이리로 오고 있어요...... 그래요...... 발자국 소리가 들려요."

그녀가 입을 다물었다. 심장이 뛰는 소리를 구별할 수 있을 정도로 조용해졌다.

바스락거리는 작은 소리가 문 뒤에서 들려왔고, 갑자기 소리 없이 빠르게 문이 열렸다.

"거기 누구냐?"

솔로몬이 소리쳤다.

하지만 술라미는 이미 침상에서 내려와 손에 번쩍이는 칼을 든 검은 형체의 사람을 향해 달려가고 있었다. 그 순간 짧고 빠른 일격을 당한 그녀는 매우 놀란 비명을 지르며 바닥에 쓰러졌다.

솔로몬은 밤에 등잔의 불빛을 막는 홍옥수 창(窓)을 손으로 깨뜨렸다.

그는 문에 서있는 것이 엘리압인 것을 보았다. 엘리압은 술라미의 몸 위에서 약간 숙인 채 마치 취한 사람처럼 비틀거리고 있었다. 솔로몬이 쏘아 보는 가운데 젊은 무사는 고개를 들었다. 그는 분노에 찬 왕의 무시무시한 시선과 마주치고는 창백해지더니 탄식을 했다. 절망과 공포로 인해 그의 형상이 일그러졌다. 그는 갑자기 몸을 구부려 머리를 외투에 박고는 마치 놀란 자칼처럼 조심스럽게 방에서 기어나가기 시작했다. 하지만 왕이 그를 멈춰 세우고는 세 마디 말을 던졌다.

"누가 너를 사주했느냐?"

온 몸을 떨면서 이빨을 덜덜거리고 공포로 하얗게 질린 눈을 하고서 젊은 무사는 어눌하게 더듬더듬 말했다.

"아스티스 왕비께서⋯⋯"

"나가라!"

─솔로몬이 명령했다─

"당직 파수꾼에게 가서 꼼짝 말고 기다려라."

곧 사람들이 궁전의 수많은 방들을 뛰어다녔다. 모든 방들에 불이 밝혀졌다. 의원이 왔고 장군들과 왕의 지인들이 모여들었다.
늙은 의원이 말했다.

"왕이시여, 이제는 과학도 신도 도움이 되지 않습니다. 그녀의 가슴에 박힌 칼을 빼내는 순간 그녀는 죽을 것입니다."

그때 술라미가 눈을 뜨더니 조용히 미소를 지으며 말했다.

"목이 말라요."

물을 마신 뒤 그녀는 부드럽고 아름다운 미소를 지으며 왕에게 시선을 고정시키더니 그에게서 눈을 떼지 않았다. 그러자 왕이 그녀의 몸처럼 다 드러나 있는 그녀의 침상 앞에 무릎을 꿇었다. 그의 무릎은 그녀의 피로 적셔졌고 손은 선홍색의 피로 붉게 되었지만 그는 개의치 않았다.

아름다운 술라미는 자신의 사랑하는 연인을 바라보면서 짧게 미소를 지으며 힘겹게 말했다.

"내 왕이시여! 당신의 사랑, 당신의 아름다움, 마치 달콤한 샘물처럼 내 가 입을 대고 들이키게 해주신 당신의 지혜, 이 모든 것에 감사드립니다. 당신 손에 내가 입 맞출 수 있게 해주시고, 마지막 숨결이 끊어질 때까지 내 입에서 손을 떼지 마세요. 나보다 더 행복했던 여인은 이전에도 없었 고 앞으로도 없을 것입니다. 왕이시여, 내 사랑하는 이여, 내 아름다운 이 여, 당신께 감사를 드립니다. 때때로 당신의 노예이자 햇볕에 까맣게 그을 린 당신의 술라미를 기억해 주세요."

그러자 왕이 깊은 목소리로 천천히 그녀에게 대답했다.

"술라미, 네게 맹세하건대, 사람들이 서로 사랑을 하는 동안, 세상에서 영혼과 육체의 아름다움이 가장 달콤한 희망으로 남아 있는 동안, 너의 이름은 수백 년 동안 감동과 고마움을 불러일으키며 기억될 것이다."

아침이 되자 술라미는 일어나지 못했다.

그때 왕이 일어나 씻을 것을 가져오라 지시하고는 황금의 성스러운 풍뎅이가 박음질된 가장 화려한 적자색의 가운을 입고 머리에는 피처럼 붉은 루비로 만든 왕관을 착용했다. 그런 후 그는 바니를 불러 조용히 말했다.

"바니, 네가 가서 엘리압을 처형하라."

하지만 노인은 손으로 얼굴을 가리고 왕 앞에 납작 엎드렸다.

"왕이시여, 엘리압은 저의 손자입니다!"

"바니, 너는 내 말을 들었는가?"

"전하, 당신의 분노로 저를 위협하지 마시고 저를 용서해 주십시오. 이 일은 누구든 다른 사람에게 명령하시기 바랍니다. 궁전을 나간 후 엘리압은 사원으로 도망가서 제단의 뿔을 잡았습니다[12]. 저는 늙었고 곧 죽음이 임박해 있습니다. 제 영혼은 인류과 천륜 모두를 범할 수가 없습니다."

그러나 왕은 이렇게 대답했다.

"하지만 바니, 내가 제단의 뿔을 잡은 내 형 아도니야를 처단하라고 너에게 지시했을 때는 내 말을 따르지 않았느냐?"

"용서하십시오! 자비를 베푸십시오, 전하!"

"네 얼굴을 들어라."

---

12) 역주: 모세의 율법에서 죄를 지은 사람이 제단의 뿔을 잡으면 죄가 사해진다는 내용. 솔로몬은 자신의 형을 죽일 때 이 율법을 어긴 적이 있다.

솔로몬이 명령했다.

바니가 얼굴을 들어 왕의 눈을 보자마자 재빨리 바닥에서 일어나더니 순순히 출구로 걸어 나갔다.

그런 다음 솔로몬은 궁전 경호원이자 부대장인 아히사르에게 지시를 내렸다.

"왕비에게 사형을 선고하고 싶지는 않다, 그녀가 살고 싶어 하면 살려 주고, 죽고 싶다면 죽게 내버려 두어라. 하지만 그녀가 더 이상 내 얼굴을 볼 수는 없게 하라. 아히사르, 오늘 너는 대상 행렬을 꾸려 왕비를 야파의 항구까지 데려다 주어라, 그리고 거기서 이집트의 파라오 수사킴에게 보내라. 이제 모두 나가도 좋다."

왕은 홀로 술라미와 얼굴을 마주하고 오랫동안 그녀의 아름다운 모습을 바라보았다. 그녀의 얼굴은 하얗게 되었는데, 그녀가 살아생전에도 이토록 아름다운 적은 없었다. 겨우 한 시간 전 만 하더라도 솔로몬이 입을 맞추었던 반쯤 열린 입술은 지극히 행복하고 신비스러운 미소를 짓고 있었고, 아직 물기가 마르지 않은 치아는 입술 밑에서 조금씩 반짝이고 있었다.

왕은 시신이 되어버린 연인을 오랫동안 들여다보다가 이미 삶의 온기를 잃기 시작한 그녀의 이마를 조용히 손으로 만져보았다. 그리고는 느린 걸음으로 방을 나갔다.

문밖에서는 사도킨의 아들이자 최고 사제인 아자리야가 기다리고 있었다. 그가 왕에게 다가와서 물었다.

"이 여인의 시신을 어떻게 처리해야 합니까? 오늘은 토요일입니다."

왕은 수십 년 전 아버지 다윗이 죽어 모래 위에 놓인 채 급속히 부패
되었던 때가 생각났다. 시체 냄새에 이끌린 개들이 굶주림에 불타는 눈
으로 시신 주변을 탐욕스럽게 어슬렁거렸었다. 아자리야의 아버지인 노
쇠한 최고 사제는 지금과 마찬가지로 왕에게 이렇게 물어보았었다.

"여기 당신의 부친께서 누워있고, 개들은 그의 시신을 갈기갈기 찢어
놓을지도 모릅니다...... 어떻게 할까요? 왕에게 경의를 표하기 위해 토요
일을 더럽힐까요? 아니면 개들이 선왕의 시신을 뜯어먹게 내버려두고 토
요일을 섬길까요?"

그 당시 솔로몬은 이렇게 대답했었다.

"내버려두어라. 살아 있는 개가 죽은 사자보다는 나은 법이다."

그런데 지금 최고 사제의 말이 떨어지자 왕은 그것을 생각하고는 슬
픔과 공포로 가슴이 저며 왔다.

왕은 최고 사제에게 아무런 대답도 하지 않고 재판소 회당으로 가버
렸다.

왕의 사관(史館)인 엘리호페르와 아히야가 아침마다 항상 그러하듯이
왕좌의 양쪽에서 파피루스 두루마리와 골풀줄기와 잉크를 준비하고 인피
(靭皮) 돗자리에 앉아 있었다. 왕이 들어오자 그들은 일어나 바닥까지
절을 했다. 왕은 황금 장식이 있는 상아로 만들어진 자신의 왕좌에 앉아
머리를 손바닥에 기대고 팔꿈치는 황금 사자의 등에 받친 채 명령했다.

"써라!"

≪당신 손의 반지처럼 나를 당신의 가슴에 두오: 사랑은 죽음처럼 굳건하고, 질투는 죽음처럼 잔혹하다오. 질투의 기세는 타오르는 불길의 기세와 같소≫.

그리고는 사관들이 두려움에 숨을 죽일 정도로 오랫동안 침묵한 뒤 말했다.

"나를 혼자 있게 해다오."

하루 종일, 첫 땅거미가 내릴 때까지 왕은 홀로 생각에 잠겨 있었고, 어느 누구도 감히 텅 빈 거대한 재판장 회당으로 들어갈 엄두를 내지 못했다.

석류석 팔찌

I

초생 달이 뜨기 전, 8월 중순에 흑해 연안의 북부 지방이 늘 그렇듯 갑자기 불쾌한 날씨가 엄습해 왔다. 때로는 육지와 바다 위에 하루 종일 짙은 안개가 자욱하게 끼어 있었고, 등대에서는 성난 황소가 우는 듯한 커다란 사이렌 소리가 끊임없이 울려 퍼지고 있었다. 때로는 아침부터 다음날 아침까지 흙비가 계속 내리면서 점토질의 길과 오솔길이 진흙 구덩이가 되었고, 그 속으로 짐수레와 마차들이 오랫동안 푹 빠져 있었다. 때로는 북서쪽의 사막 한 쪽에서 격렬한 태풍이 질주해 오고 있었다. 그 때문에 나뭇가지들의 끝은 마치 폭풍우 속의 파도처럼 심하게 출렁거렸고, 밤마다 별장의 함석지붕들은 누군가가 쇠를 박은 장화를 신고 그 위를 따라 달리는 것처럼 울리고 있었다. 창틀이 흔들렸고, 문은 쾅하는 소리를 냈으며, 굴뚝에서는 바람이 거칠게 윙윙거리고 있었다. 몇 척의 어선이 바다에서 길을 잃다 돌아왔지만, 두 척은 완전히 실종되었다. 일주일이 지나고 나서야 해변의 여러 곳에서 어부들의 시체가 널 부러진 채 발견되었다.

교외의 바닷가 주민들은―모든 남방인들처럼 생활력이 강하고, 의심이 많은 화란인과 유태인들로 대부분 이루어진―서둘러 도시로 향하고 있었다. 각양각색의 집안 살림들이 가득 실린 짐마차들의 행렬이 질척거리는 돌 포장도로를 따라 끝없이 이어지고 있었다. 비 때문에 마치 마차 곁에 옥양목 커튼이 걸쳐져 있는 것처럼 보이는 헐어빠지고 더러우며 보잘것 없는 방석, 소파, 상자, 의자, 세면기, 싸모바르와 같은 초라한 살림 도구들이 비참하고 서글프며 쓸쓸해 보였다. 젖은 방수포가 덮인 짐수레 위에는 하녀와 식모들이 다리미나 양철그릇 혹은 광주리를 들고 앉아 있었고, 땀에 흠뻑 젖어 힘이 빠진 말들은 옆구리를 들썩이며 떨리는 무릎으로 거친 숨을 몰아쉬면서 헐떡였고, 비에 흠뻑 젖은 가죽 비옷을 입은 마부들은 씩씩거리며 욕설을 퍼붓고 있었다. 더욱이 예기치 않게 망가져 버린 화단, 유리 파편, 내버려진 강아지들과 꽁초와 종이 더미, 도자기 파편, 작은 상자, 그리고 약병들이 나뒹굴면서 황량하게 남겨진 빈 별장들은 더욱더 쓸쓸해 보였다.

그러나 9월초가 되면서 날씨가 갑자기 급변했다. 구름 한 점 없는 평온한 날이 다가왔고, 이는 7월에도 좀처럼 볼 수 없을 만큼 따뜻하고도 청명한 것이었다. 남자들의 뻣뻣한 황색 수염이 조금 자라난 것처럼 바싹 말라 잘려진 밀밭에서는 가을의 거미집이 비늘 색으로 반짝반짝 빛났다. 잠잠해진 나무들은 소리 없이 노란 나뭇잎들을 사뿐사뿐 떨어뜨리고 있었다.

귀족 단장의 아내인 베라 니꼴라예브나 셰인 공작부인은 도시에 있는 집의 수리가 아직 덜 끝난 탓에 별장을 떠날 수 없었다. 그래서 지금 그녀는 다가오기 시작한 매혹적인 날씨, 평온함, 상쾌한 공기, 전선 위에 앉아서 지저귀다 날아가는 제비들 그리고 바다에서 은은하게 불어오는 소금기 있는 잔잔한 바람을 만끽하고 있었다.

II

게다가 오늘은 그녀의 생일이었다. 9월17일. 아득해진 어린 시절 생일의 기억을 소중하게 간직하고 있었던 그녀는 항상 이날이 되면 뭔가 매우 행복한 일이 일어나기를 기대하곤 했다. 더군다나 급한 용무 때문에 도시로 출발한 남편이 배 모양의 아름다운 진주 귀걸이가 담긴 보석함을 작은 테이블 위에 놓고 간 덕에 그녀는 더욱 더 기뻤다.

그녀는 하루 종일 집에 혼자 있었다. 그들과 함께 살고 있는, 그녀의 미혼 남동생인 검사보 니꼴라이 역시 도시의 재판소로 떠나고 없던 차였다. 남편은 식사시간까지 가장 가까운 몇몇 사람들을 데리고 오겠다고 약속했다. 생일 파티는 별장에서 여는 것이 이상적이었다. 도시에서 큰 향연을 베푼다면 경비가 만만치 않게 들것이며 어쩌면 무도회까지 개최해야 될지 모르지만, 이곳 별장에서는 최소한의 경비로도 때울 수 있으니 말이다. 자신의 중요한 사회적 지위 덕분에 셰인 공작은 그나마 생계를 꾸려 나가고 있는지도 모른다. 그는 조상 전래의 거대한 영지가 선조들 때문에 거의 다 파산지경에 이르렀음에도 불구하고 계속 상류층 생활

을 유지하고 있었다. 손님들을 영접하고, 자선사업을 하며, 좋은 옷을 입
고, 말들을 거느리는 등등. 남편을 향한 예전의 열렬했던 사랑이 이미
오래 전에 견고하고 진실되며 참된 우정의 감정으로 변해 버린 베라 공
작부인은 공작이 완전히 파산하지 않도록 온힘을 기울이고 있었다. 그가
알아차리지 못할 정도로 많은 부분에서 노력했던 그녀는 될 수 있는 한
자신을 위해서는 돈을 쓰지 않고 절약하며 살림을 꾸려나갔다.

지금 그녀는 정원을 따라 거닐며 식탁에 놓을 꽃들을 조심스레 가위
로 잘랐다. 화단들은 황폐해지고 제멋대로였다. 다채로운 겹꽃잎의 패랭
이꽃이 피어 있었고, 꽃 무 역시 반쯤은 꽃으로 나머지 반은 양배추 냄
새가 나는 가느다란 녹색의 꼬투리로 피어 있었으며, 장미들은 이번 여
름 동안에만 벌써 세 번이나 꽃 봉우리를 터트렸지만 벌써 생기 없이
잘게 부스러진 채 완전히 시들어 있었다. 그에 반해 다알리아, 작약, 쑥
부쟁이꽃들은 가을의 민감한 대기 중에 진한 풀냄새를 서글프게 풍기면
서 차갑고도 오만한 아름다움을 뽐내며 화려하게 빛나고 있었다. 나머지
꽃들은 여름날의 뜨거운 사랑 이후에 다가올 생의 무수한 종자들을 조용
히 땅에 흩뿌렸다.

자갈길 근처에서 세 가지 음색의 익숙한 경적 소리가 들려왔다. 그것은
베라 공작부인의 여동생-손님 접대와 가사 일을 도우러 오겠다고 아침에
전화했던 안나 니꼴라예브나 프리예세-이 도착했음을 알리는 소리였다.

베라는 예민하게 그 소리를 바로 알아차렸다. 그녀는 마중을 나갔다.
몇 분 후, 별장의 출입구에 우아한 사륜마차가 멈춰 섰고, 좌석에서 능
숙하게 뛰어내린 운전사가 작은 문을 활짝 열었다.

자매는 반갑게 키스했다. 아주 어렸을 적부터 그들은 서로를 끔찍이도

아끼며 따뜻하게 보살펴 주고 있던 터였다. 외모 상 그들은 이상하리만 치 서로 닮은 구석이 없었다. 아름다운 영국인 엄마를 쏙 빼 닮은 언니 베라는 늘씬하고도 유연한 자태와 온화하지만 차갑고도 오만한 얼굴, 그 리고 크지만 아름다운 손과 고대의 소형 예술 작품에서나 볼 수 있을 법한 매혹적인 어깨선을 지니고 있었다. 반대로 동생 안나는 따따르 공 작인 아버지의 몽고 핏줄을 이어받았고, 증조부는 단지 19세기 초에야 세례를 받았다. 그 가족의 뿌리는 따따르인인 그녀의 아버지가 대단한 자긍심을 가지고 말하는 아주 흉악한, 바로 그 따메르란이나 란그-쩨미 르에서 기인하고 있었다. 언니보다 머리 반 정도가 작고, 다소 넓은 어 깨를 지니고 있던 그녀는 활동적이지만 경솔하며 다른 사람을 쉽게 깔보 는 여자였다. 거의 몽골 형에 가까운 그녀의 얼굴은 툭 튀어나온 광대뼈 에 근시 때문에 가늘게 떠지는 작은 눈, 그리고 요염함이 담겨있는 귀엽 고도 육감적인 입과 특히 약간 도드라진 아랫입술을 지니고 있었다. 그 녀의 얼굴은 어떤 묘하고도 이해하기 힘든 매력으로 사람들의 마음을 끌 었는데, 이것은 어쩌면 미소에 혹은 여성스러움에 아니면 자극적이면서 도 도전적이고 요염한 얼굴의 작위적 표정에 있을지 모르겠다. 예쁘지는 않지만 매력적인 그녀의 외모는 언니의 귀족적인 아름다움보다 훨씬 자 주 그리고 강하게 남성들의 시선을 끌었고, 그들을 흥분시켰다.

그녀는 매우 부유하여 아무 일도 하지 않지만 자선단체에서 시종보의 지위를 가지고 있던 우둔한 사람과 결혼했다. 그녀는 그런 남편을 참을 수 없었지만 그의 아이를 2명이나 낳았다. 2명의 아이는 남자아이와 여 자아이였다. 그녀는 더 이상 아이를 낳지 않기로 결심하고 이것을 실행 에 옮겼다. 그에 반해 아이들을 갖기를 원했던 베라는 많으면 많을수록 더 좋다고까지 생각했으나 어찌된 영문인지 아이가 들어서지 않았고, 따라서 그녀는 창백한 얼굴과 곱슬곱슬한 아마 색의 인형 같은 머리칼을 지닌 항상 예절바르고 온순하며 귀여운 조카들을 열과 성을 다해 사랑하고 있었다.

자유분방한 안나는 늘 유쾌하고 애교가 넘쳤지만 때로는 이상할 정도로 모순적인 면을 보이곤 했다. 그녀는 도시 곳곳에서 그리고 유럽의 각 휴양지에서 위험천만한 바람을 피웠고, 남편을 앞에서 혹은 뒤에서 업신여기며 비웃곤 했지만 결코 그를 떠나는 일은 없었다. 사치스러웠던 그녀는 카드놀이, 춤, 강한 인상과 기발한 구경거리들을 너무나도 사랑했고, 외국에서는 은밀한 카페를 드나들었으나 그와 동시에 인자함과 비밀리에 천주교를 받아들일 정도의 깊은 신앙심도 가지고 있었다. 그녀의 등과 가슴 그리고 어깨는 보기 드물 정도로 매우 아름다웠다. 큰 무도회에 갈 때면 그녀는 예의범절과 유행이 허용하는 범위보다 훨씬 더 과감하게 노출시켰지만 파티용 드레스 속에 속옷은 꼭 입었다.

그에 반해 단아했던 베라는 모든 면에서 냉담하고 조금은 오만할 정도로 정중하면서도 자주적이었으며 여왕처럼 침착했다.

III

-"아, 여기 너무 좋다! 이렇게 좋을 수가!"-언니를 따라 오솔길을 잰걸음으로 걸어가며 안나가 말했다. -"절벽 위의 벤치에 잠깐 앉았다 가

자. 나는 아주 오랫동안 바다를 보지 못했거든. 그리고 상쾌한 공기도 말
이야. 깊게 숨을 들이마셔 봐. 그러면 기분이 한결 좋아질 거야. 지난여름,
크림의 미스호르에서 나는 멋진 것을 알아냈어. 파도가 밀려올 때 바닷물
냄새가 어떤지 알아? 상상해 봐. 목서초 향기를."

베라가 온화하게 미소 지었다.

- "넌 공상가야."

- "아니, 아니야. 내가 언젠가 한번 달빛 속에 장미 같은 그림자가 보인
다고 말했을 때 모두가 나를 비웃었지. 그렇지만 며칠 전, 나의 초상화를
그린 바로 그 화가 바리째끼가 내 말이 옳았으며, 화가들이 이것에 관해
이미 오래 전부터 인식하고 있었다고 말했어."

- "화가라... 너의 새로운 연인이니?"

- "언닌 항상 그런 식으로만 생각해!"

- 바닷가 가파른 절벽의 맨 끝으로 재빨리 다가가면서 웃고 있던 안
나가 아래를 힐끔힐끔 쳐다보더니 갑자기 얼굴이 창백해 진 채 무서운
듯 비명을 질러대며 뒤로 물러섰다.

- "휴, 이렇게 높을 수가!"

- 새파랗게 질렸던 그녀는 떨리는 목소리로 말했다.

- "이렇게 높은 곳에서 내려다 볼 때면, 항상 왠지 모르게 난 묘하게
가슴이 떨리고 불안해져... 그리고 발가락들이 저려 오기도 하고... 그런데

도 계속 끌리는 건 왜일까..."

그녀는 절벽 위에서 한 번 더 내려다보고 싶어 했으나, 언니가 그녀를
만류했다.

－"나의 사랑스런 안나, 제발! 네가 그럴 때면 나는 현기증이 나. 제발
부탁이니 좀 앉아라."

－"알았어, 알았어, 앉을게... 그런데 언니, 이것 좀 봐, 얼마나 아름다운
지, 얼마나 기쁜지. 눈으로 보는 것만으로는 충분치 않아. 우리를 위해 이
아름다운 모든 것을 창조하신 하느님께 내가 얼마나 감사하는지 언닌 아
마 모를 거야!"

두 사람은 잠시 생각에 잠겼다. 그들 아래에서 바다는 깊은 수면에 빠
져들었다. 벤치에서는 더 이상 해변이 보이지 않았고, 그 때문에 광활한
바다의 무궁함과 장엄함이 더욱더 강하게 느껴졌다. 해안가에선 물결을
일으키며 연한 청색을 띠던 바닷물이 수평선에선 진한 군청색으로 변하
면서 온화하고도 평온하게 넘실대고 있었다.

점처럼 조그맣게 보이는 배들이 해변에서 그리 멀지 않은 바다의 광
활하고도 잔잔한 표면 위에서 꼼짝 않고 졸고 있었다. 더 멀리에는 바람
때문에 위에서 아래까지 한쪽으로 불룩해진 세 개의 흰 돛을 단 배가
마치 공중에 떠있는 것처럼 정박하고 있었다.

－"널 이해해."

－잠자코 있던 언니가 먼저 입을 열었다.

－"그러나 난 왠지 너처럼 그렇지는 않아. 오랜만에 바다를 처음 볼 때, 바다는 나를 자극하고 기쁘게 하며 흥분시켜. 마치 내가 처음으로 거대하고도 장엄한 기적을 보는 것처럼 말이야. 그러나 그 다음 그것에 익숙해질 때쯤, 바다는 자신의 평범한 공허로 나를 짓누르기 시작해... 그것을 보면서 나는 자주 지루해지고, 그래서 이제는 더 이상 바라보지 않으려고 해. 싫증나거든."

안나가 미소를 지었다.

－"왜 웃니?"

－언니가 물었다.

－"작년 여름에..."

－안나가 능청맞게 말했다.

－"얄타에서 우리는 말을 타고 우츠－꼬쉬로 갔었어. 그곳은 산림청 뒤에 있는 폭포보다 높은 곳에 있었지. 그런데 우리는 올라가자마자 구름 속에 갇혀 버리게 됐지 뭐야. 그 바람에 온몸은 축축해졌고, 앞도 잘 보이지 않았어. 그런데도 우리는 소나무들 사이에 있는 가파른 오솔길을 따라 계속 올라갔지. 그랬더니 갑자기 어찌된 영문인지 숲은 더 이상 보이지 않았고, 우리는 안개 속에서 빠져 나오게 됐어. 생각해 봐. 절벽의 좁은 층계와 발아래의 낭떠러지를. 마을은 저 아래에서 성냥갑처럼 조그맣게 보였고, 숲과 정원들은 마치 조그마한 풀 같더라고. 모든 지형이 바다까지 내려가고 있는 것이, 위에서 보면 꼭 지도 같지 뭐야. 거기서 더 멀리로는 바다가 있었고 말이야! 앞쪽으로는 50 이나 100 베르스타가 펼쳐져 있는

것 같았어. 내가 허공에 떠 금방이라도 날아갈 것만 같더라고. 그런 아름
다움과 안락함! 그 얼마나 아름답고 온화하던지! 제자리로 돌아온 나는
기뻐하며 안내자에게 말했어. '어때요? 정말 아름답지 않아요, 세이드씨?'
그런데 그는 혀를 끌끌 차며 '아이고, 마님, 매일 보니까 얼마나 지루한데
요.'라고 말하더라고."

－"비교까지 해줘서 고맙구나."

－ 베라가 웃었다.

－"그런데, 난 그냥 우리 같은 북쪽 사람들은 결코 바다의 아름다움을
이해할 수 없는 것 같아. 나는 숲이 좋더라. 예고롭스끼에 있던 우리 숲을
기억해 봐?... 과연 그것이 나중에라도 싫증날 수 있을까? 소나무들!... 이
끼들!... 버섯들! 그 버섯들은 마치 빨간 공단 위에 하얀 유리구슬로 수놓
아 장식해 놓은 것 같아. 그런 평온함... 시원함..."

－"내겐 어느 것이나 똑같아, 난 다 좋거든."

－ 안나가 대답했다.

－"그렇지만 난 무엇보다 나의 언니, 사려 깊은 베렌까를 좋아해. 우린
정말 세상에 둘도 없는 자매니까."

그녀는 언니를 포옹하고 그녀에게 바짝 기대어 볼에 볼을 맞댔다. 그
리고선 갑자기 생각난 듯 뭔가를 급히 찾기 시작했다.

－"아, 이런, 내 정신 좀 봐! 꼭 로맨스에 대해 말하듯 앞서서 자연에
대해서만 이야기하면서 선물에 대해선 까맣게 잊고 있었지 뭐야. 한번 봐.

언니가 마음에 들어 할지 모르겠네?"

그녀는 자신의 손가방에서 아주 멋진 표지로 된 작은 필사본 책을 꺼냈다. 오래된 시간 탓에 닳아 광택이 사라진 청색의 빌로도 표지에는 빛바랜 황금빛의 매우 정밀하고, 좀처럼 보기 드문 복잡하고도 정교한 아름다운 당초무늬가 얽혀 있었다. 여기엔 숙련되고 끈기 있는 예술가의 애정 어린 손길이 묻어 있는 것 같았다. 책은 실처럼 매우 가는 금 고리로 고정되어 있었고, 중간의 기입 용지들은 상아로 된 서판(書板)들이 대신하고 있었다.

－"어쩜 이렇게 아름다울 수가! 매혹적이야!"

－베라가 말하면서 여동생에게 키스했다.

－"정말 고마워. 그런데 너는 어디서 이렇게 귀한 것을 구했니?"

－"어느 조그만 골동품 가게에서. 언니도 내가 오래된 잡동사니를 헤집고 다니는 걸 잘 알잖아. 거기서 이 기도서를 우연히 발견했어. 한번 봐, 여기에 십자가상이 장식되어 있는걸. 그런데 아쉽게도 표지를 하나밖에 발견하지 못하는 바람에 나머지 것들은 내가 다 상상하며 꾸며야 했지 뭐야. 기입 용지들, 자물쇠, 연필. 그러나 물린은 내가 아무리 설명해도 도통 이해하지 못하는 거야. 자물쇠는 이 수첩 위의 십자가 같은 스타일이어야 하고, 옛날 것처럼 광택이 없는 황금색이어야 하는데 말이야. 도대체 그는 뭘 만든 건가 몰라. 그렇지만 이 가늘고 짧은 베니스 식 고리만큼은 진품이야."

베라는 아름다운 표지를 부드럽게 어루만졌다.

－"정말 오래된 골동품이네! 이 책은 얼마나 된 것일까?"

－그녀가 물었다.

－"나도 정확히는 잘 모르겠어. 그렇지만 대략 17세기 말이나 18세기 중반 정도 아닐까 싶은데..."

－"정말 묘한 일이야."

－생각에 잠긴 베라가 미소를 지으며 말했다.

－"지금 난 뽐빠도르 후작 부인이나 앙뚜아네뜨 왕비의 손을 거쳐 간 듯한 물건을 내 손에 쥐고 있는 것 같아... 그런데 안나, 너 아니? 너만이 이것을 그렇게 만들 수 있다는 걸 말이야. 표지는 기도서인데, 이것을 부인용 책으로 개조하다니. 하여튼 너의 그 엉뚱한 상상력은 알아줘야 해. 그나저나 저쪽에 우리가 해야 할 일이 뭐가 있는지 한번 보러 가자."

그들이 석조로 된 넓은 테라스를 지나 집으로 들어가는 길의 사방에는 밀집된 격자 구조물들 아래로 포도송이들이 매달려 있었다. 양딸기 향기를 풍기고 있던 검은색의 수많은 포도송이들이 어둠과 푸른 나무를 황금빛으로 물들이는 태양 빛 사이에서 힘겹게 떨고 있었다. 테라스를 따라서 녹색의 미광이 점점 퍼지고 있었고, 그 때문에 여자들의 얼굴은 파리하게 보였다.

－"여기다 식탁을 차릴 거야?"

－안나가 물었다.

-"응, 나도 처음엔 그렇게 할 생각이었어... 그렇지만 지금은 저녁이라 그런지 좀 쌀쌀하네. 차라리 식당이 낫겠어. 그렇지만 남자들은 여기로 담배를 피러 나와도 괜찮겠다."

-"누구 재미있는 사람이 올까?"

-"나도 아직 잘 모르겠어. 단지 우리 할아버지가 오실 것이란 것 밖에는."

-"아, 우리 할아버지가 오시지, 너무 좋다!"

-안나가 손뼉을 치며 소리 높여 말했다.

-"난 할아버지를 한 100년쯤은 못 뵌 것 같아."

-"바샤의 여동생이 올 거고, 아마 스뻬쉬니꼬프 교수님도 올 거야. 안 네치까, 어젠 정말 정신이 하나도 없었어. 그 두 사람이 먹는 걸 좋아한다는 건 너도 알지? 할아버지와 교수님 말이야. 그렇지만 여기서나 도시 어디에서도 아무리 돈을 낸다 해도 정말 준비할 만한 것이 별로 없더라고. 루까가 어딘가에서 메추라기들을 가져왔어. 잘 아는 사냥꾼에게 주문해서 말이야. 그리고 지금 그것들을 가지고 뭔가를 요리하고 있지. 스테이크는 비교적 꽤 좋은 것으로 구했어. 아아! 항상 빠지지 않는 스테이크. 신선한 새우들도 마련됐고 말이야."

-"뭐 그렇게 나쁘지도 않네. 걱정하지 마. 그런데 우리끼리 얘기지만, 언니도 먹는 것이라면 빠지지 않잖아."

-"그렇지만 오늘 아주 특별한 요리가 준비될 거야, 오늘 아침에 어부가 이상한 바다고기를 가져왔거든. 내가 직접 봤는데, 정말 꼭 괴물 같더라. 섬뜩하기까지 하더라고."

자신과 관계된 일이든 그렇지 않든 항상 호기심이 강한 안나는 당장 그 바다고기를 보여 달라고 졸랐다.

훤칠한 키에 면도를 한 누런 얼굴의 요리사 루까가 행여나 물을 쪽나무 마루에 엎지를까 조심하면서 약간 길고 큼지막한 흰색 대야를 귀까지 힘겹게 들어 올린 채 들어왔다.

-"12.5푼트 입니다, 공작부인."

- 그는 요리사만의 특별한 자긍심을 가지고 말했다.

-"우리가 좀 전에 무게를 달아봤거든요."

대야에 비해 너무 큰 물고기는 꼬리가 접힌 채 바닥에 놓여 있었다. 비늘은 황금빛으로 빛나고 지느러미들은 선명한 선홍색을 띠고 있었지만, 엄청난 식성을 지닌 주둥이의 양쪽에는 하늘색의 부채 같은 긴 날개가 달려 있었다. 아직 살아있는 바다고기는 아가미를 힘차게 벌름거리고 있었다.

여동생은 작은 손가락으로 물고기의 머리를 조심스럽게 건드렸다. 그러자 바다고기가 갑자기 꼬리를 치며 물을 튀겨 올렸고, 안나는 째지듯이 비명을 지르면서 손을 움츠렸다.

-"안심하세요, 부인, 이것으로 최고의 요리를 만들겠습니다."

-안나의 불안함을 정확히 알아챈 요리사가 말했다.

-"지금 불가리아인이 드냐 2개를 가져왔어요. 파인애플과예요. 멜론과 비슷하지만 냄새는 훨씬 더 향기롭지요. 그런데 공작부인께 여쭤 볼 말이 좀 있는데, 바다고기를 어떤 소스로 요리 할까요? 타르타로스와 폴란드소스가 있거든요. 그리고 기름에 튀긴 건빵도 곁들여 내놓을까요?"

-"알아서 해요. 그리고 그만 나가 보세요!"

-공작부인이 지시했다.

IV

손님들은 5시가 지나서야 도착했다. 바실리 리보비치 공작은 남편 두라쏘프처럼 살이 찌고 선량하며 유난히 말수가 적은 미망인 여동생 류드밀라 리보브나를 데리고 왔다. 사교계의 젊은 부자이자 방탕아인 바쉬초끄도 데리고 왔는데, 그는 노래 솜씨와 시 낭독 능력이 매우 뛰어날 뿐아니라 연극과 자선바자회도 개최하여 그의 이름을 온 도시가 다 알 정도였다. 스몰린 전문학교 시절 베라 공작부인의 여자 친구였던 유명한 피아니스트 젠니 레이쩨르, 그리고 처남인 니꼴라이 니꼴라이비치도 데리고 왔다. 그들의 뒤를 이어 너무 거대해서 보기 흉할 정도로 뚱뚱하고 수염을 기르지 않는 스뻬쉬니꼬프 교수와 부지사 제크, 그리고 안나의 남편이 자동차에서 같이 내렸다. 그들보다 조금 늦게 두 명의 장군들을 대동한 아노쏘프 장군이 임대한 훌륭한 사륜마차를 타고 도착했다. 한 장교는 힘겨운 군생활로 인해 너무 빨리 늙고 쇠약해진 바짝 마르고 성미가 급한 참모장 뽀나마레프였고, 다른 장교는 뻬쩨르부르그에서 뛰어난 춤 실력과 무도회에서의 매니저 역할로 유명했던 국가 친위대 소속의 육군중위 바흐찐스끼였다.

뚱뚱하고 키가 큰 백발의 노인 아노쏘프 장군은 한 손으로는 마부석의 난간을 잡고 다른 손으로는 마차의 뒷부분을 잡으면서 발 디딤대에서 힘겹게 내렸다. 왼손에는 보청기를 쥐고 있었고, 오른손에는 꼭대기에 고무가 씌워진 지팡이를 들고 있었다. 그는 크고 투박하며 불그스름한 얼굴에 퉁퉁한 코를 지니고 있었고, 그와 더불어 조금 부은 반원형의 눈에는 온후하면서도 위엄 있고 조금은 남을 멸시하는 듯한 표정이 담겨 있었는데, 이는 본래 자신의 눈앞에서 위험과 죽음을 가까이 자주 접하는 용감한 사병들에게서나 볼 수 있는 것이었다. 멀리서 그를 알아본 자매는 곧바로 사륜마차를 향해 달려가 반쯤은 장난스레 그를 부축했다.

- "진짜... 이제 다 늙었구나!"

- 장군은 목이 잠긴 저음으로 온화하게 말했다.

- "사랑하는 할아버지!"

- 베라가 조금은 질책 조로 말하고 있었다.

- "우리가 얼마나 할아버지를 기다렸는지 아세요? 하다못해 얼굴이라도 보여주셨으면 좋았을 텐데."

- "할아버지는 우리들에게 신임을 잃으셨어요."

－안나가 웃었다.

－"우리가 생각나셨을 만도 한데 많이에요. 그런데 어쩜 그렇게 돈주앙 처럼 속없이 우리를 까맣게 잊고 계실 수가 있어요..."

자신의 장엄한 모자를 벗으면서 장군은 차례로 자매의 손에 키스했다. 그 다음엔 그들의 뺨에, 그리고 다시 손에 키스했다.

－"아가씨들... 잠시만 기다려 주게... 너무 꾸짖지만 말고."

－그는 만성이 돼버린 천식 때문에 한 마디 한마디 끊어가며 말했다.

－"정말로... 지겨운 여의사들이... 여름 내내 내 관절염을 씻겨 주었어... 진창에서... 관절에 흙 팩을 했는데... 역겨운 냄새가 나는... 그런데 그들이 그곳에서 나를 내보내 주질 않지 뭐냐... 처음으로... 너희들에게 온 거란 다... 너희들과 만나게 되니... 무척 기쁘구나... 잘 살고들 있지? 베로치까... 넌... 정말 어엿한 숙녀가 다 되었구나... 고인이 된 네 엄마를 무척이 나 많이 빼 닮았어... 아이는 언제 가질 계획이니?"

－"아, 할아버지, 아이가 안 생겨요, 정말 걱정이에요."

－"낙담하지 말거라... 모든 것이 잘 될게다... 하느님께 기도하렴... 그런 데 안나, 넌 정말 그대로구나... 넌 아마 60세가 되어도... 지금처럼 성미가 급할 게다... 잠깐만 기다려 봐라... 내가 너희에게 장교들을 소개시켜 줄 테니까."

－"저는 이미 오래 전에 인사할 영광을 가졌습니다!"

―참모장 쁘나마레브가 인사하면서 말했다.

―"저는 뻬쩨르부르그에서 공작부인을 만나 뵌 적이 있지요."

―경기병이 맞받았다.

―"자, 안나, 내가 너에게 육군 중위 바흐찐스끼를 소개시켜 주겠다. 그
는 춤꾼이자 폭군이란다. 그렇지만 능숙한 기병이지. 바흐찐스끼, 저기 내
마차에서... 그보다 베로치까, 뭐 맛있는 것 좀 준비했니? 나는... 퇴원을
하고 났더니 마치 졸업을 앞둔 소위보처럼 식욕이 당기는구나."

아노소프 장군은 미르자 블라뜨 뚜가놉스끼 공작의 전우이자 정다운
친구였다. 공작이 죽은 후 그는 온화한 애정과 사랑을 그의 딸들에게 쏟
아 부었다. 그는 그들이 아주 어렸을 적부터 알고 지냈으며 동생 안나의
대부이기도 했다. 지금도 그렇지만 당시 그는 K시에 있는 크지만 거의
폐쇄된 요새의 사령관이었고, 매일같이 뚜가노브스끼의 집에 드나들었다.
아이들은 그가 자신들의 응석을 받아주고, 선물도 주고, 서커스와 극장
의 특별석에 앉혀주며, 누구보다도 자신들과 그렇게 재미있게 놀아주었
기 때문에 그를 무척 따랐다. 그러나 무엇보다도 군대 원정, 전투, 숙영
지, 승리와 퇴각, 죽음, 상처와 후한들에 대한 그의 이야기들이 그들을
가장 매혹시켰고, 그들의 마음속 깊이 새겨져 있었다. 이 이야기들은 저
녁 차 시간과 잠들기 전 무료한 시간 사이에 침착하고도 평온한 분위기
를 주었다.

지금 지나간 시대의 상징물인 그는 거대하고 생생한 모습으로 다가왔
었다. 그에게는 단순하면서도 감명 깊고 심원한 특성들이 동시에 내재되
어 있었는데, 그것은 그 시대의 장교들보다는 병사들에게서 훨씬 자주

발견되는 것으로, 순수한 러시아적 사나이의 기질에다가 가끔은 우리의 무적의 용사들뿐 아니라 거의 신성한 순교자에게서 느껴지는 고상한 형상이 결합된 것이었다. 솔직하고 우직한 믿음, 명확하면서 온화하고 즐거운 인생관, 냉철하고 사나이다운 과감함, 죽음 앞에서의 순종, 패자에 대한 연민, 끝없는 끈기와 놀랄만한 육체적 그리고 정신적 인내력을 모두 포함하는 특성들.

폴란드 전투를 기점으로 아노소프는 러일전쟁을 제외한 모든 전투에 참전했다. 그는 이 전투에도 주저함 없이 나갔을 것이다. 그러나 국가는 그를 부르지 않았다. 그에겐 항상 <부름을 받지 않는 한 죽음 위로 지나가지 않는다>는 나름대로의 아주 철저한 규칙이 있었다. 자신의 전 군복무기간동안 그는 결코 병사를 징벌하지 않았을 뿐 아니라 심지어 매질 한번 한 적이 없었다. 폴란드 폭동 때 그는 언젠가 연대장의 개인적인 명령에도 불구하고 포로들의 총살형을 거부했었다: < 저는 간첩이라면 쏴 죽일 수도 있고, 내 손으로 직접 죽일 수도 있습니다. 그렇지만 이들은 포로들입니다. 그래서 저는 이들을 죽일 수 없습니다.> 그는 이렇게 자신의 명확하고도 확고한 눈으로 상관의 눈을 똑바로 쳐다보면서, 그렇지만 전혀 도전이나 우쭐댐의 기미 없이 정중하고도 솔직하게 말했다. 따라서 아노소프는 명령 불복종에 따른 처벌을 면할 수 있었다.

짧은 학력에도 불구하고 1877부터 1879년 전투에서의 공 때문에 매우 빠르게 진급했던 아노소프는 대령까지 올라가게 되었다. 그는 도나우강 도하작전에 참여했고, 발칸반도를 횡단했고, 쉽까 사태를 해결했으며, 플레브나에서의 마지막 공습에 참전하였다. 그는 한번은 매우 심하게 그리고 네 번은 가볍게 부상당했다. 그 외에도 유탄의 파편으로 머리에 심한 타박상을 입기도 하였다. 그를 잘 아는 라제쯔끼와 스꼬베레프는 그에게 남다른 존경심을 가지고 있었다. 언젠가 스꼬베레프가 <저는 저보다 훨씬 더 용감한 장군님 한 분을 알고 있습니다. 그분은 바로 아노쏘프 장군이십니다.>라고 그에 관해 말한 적도 있었다.

전쟁터에서 유탄의 파편 때문에 거의 귀가 먹게 된 그는 발칸반도로의 이동시 동상에 걸린 3개의 발가락들을 절단했고, 쉽까에서는 매우 심한 류머티즘에 걸린 채 돌아왔다. 전쟁이 끝난 후 2년간 편안한 군복무를 해 왔던 아노소프는 퇴역 요청을 받았으나 이를 완강하게 거부했다. 이때 때마침 도나우강을 도하작전 시 그의 냉철한 용기를 직접 목격한 지방의 한 장관이 자신의 권력으로 그를 도와주었다. 뻬쩨르부르그에서는 그에게 명예직을 하사하기로 결정하고, 그에게 K시에서의 종신 지역사령관의 지위 ─ 국방을 위해 필요하다기보다는 명예로운 자리 ─ 를 주었다.

그에 관해서라면, 사소한 것에서부터 큰 것에 이르기까지 모든 것을 다 알고 있었던 도시의 사람들은 그의 약점, 버릇, 그리고 옷 입는 스타일들을 보고 모두 편안하게 웃곤 하였다. 그는 항상 무기를 휴대하지 않은 채 구식 프록코트를 입고 반듯한 앞차양이 있는 큰 모자를 썼으며, 오른손에는 지팡이를 쥐고 왼손에는 보청기를 든 채 항상 바깥으로 혀끝을 내민 통통하고 굼뜨며 목이 쉰 두 마리의 모프스 애완견을 데리고 다녔다. 아침 산보 길에 그와 마주친 사람들은 사령관의 구령 소리와 모프스 애완견들이 그의 뒤를 바짝 뒤쫓으며 짖어대는 소리를 들을 수 있었다.

대부분의 귀머거리들이 그렇듯, 오페라의 애호가였던 그는 가끔씩 변변치 못한 괴로운 이중창이 들리기라도 하면 갑자기 극장 전체가 울리도록 저음의 목소리로 단호하게 말하곤 했다: <도를 참 맑게도 부르네, 빌어먹을! 꼭 이로 호두를 까는 것 같아.> 극장을 따라 꾹꾹 눌러 참는 웃음소리가 들렸지만 장군은 이를 전혀 눈치 채지 못했다. 단순히 그는 자신의 느낌을 옆 사람에게 속삭였다고만 생각했던 것이다.

사령관의 본분에 따라 그는 꽤 자주 목이 쉰 모프스 애완견들을 데리고 본부를 방문하곤 하였는데, 그곳에서는 감금된 장교들이 징역 생활의 고통에서 벗어나기 위해 포커를 치거나 차를 마시면서 우스운 이야기를 하며 매우 기분 좋게 휴식을 취하고 있었다. 그는 신중하게 한사람 한사람씩 자세히 심문했다: <성은 뭔가? 누가 보냈나? 얼마나 여기 있어야 하나? 여기 왜 왔나?> 때로는 위법행위임에도 불구하고 이유 없이 갑자기 사내답다며 장교를 칭찬하기도 했고, 때로는 거리에 들릴 정도로 심하게 호통을 치며 책망하기도 했다. 그러다 실컷 소리를 질러댄 그는 쉬지도 않고 계속해서 장교에게 어디서 점심을 해결하는지, 식비는 얼마나 드는지를 묻곤 했다. 때마침 그곳에는 자기 소속의 영창조차 없는 그런 벽지에서 장기간 금고형으로 잡혀 온 어떤 방탕한 육군소위가 있었는데, 바로 그는 자금난 때문에 졸병들과 같이 식사를 한다고 자백하고 있었다. 이를 들은 아노소프는 곧 이 측은한 장교에게 본부까지 200보도 채 되지 않는 사령관의 관사에서 정찬을 가져다줄 것을 명령했다.

K시에서의 복무 기간 동안 뚜가놉스끼 가족과 가까워졌던 그는 그 집 아이들을 보지 않으면 병이 날 정도로 그들에게 남다른 애착을 느꼈다. 만일 아가씨들이 어디론가 장거리 여행을 떠난다거나 자신의 군무가 지연된다거나 할 때면 그는 진심으로 우울해하며, 사령관 저택의 큰방들을 왔다 갔다 하면서 불안해했다. 매년 여름마다 그는 휴가를 내서 K시에서

50베르스타 떨어진 뚜가놉스끼 영지내의 에고롭스끼에서 꼬박 한 달을 보내곤 했다.

자신에게 내재되어 있는 영혼의 온화함과 진심 어린 사랑을 이집 아이들, 특히 여자아이들에게 전했다. 그 자신도 예전에 아내가 있긴 했으나 너무 오래되어 아내에 대해 잊어버리고 있던 터였다. 전쟁이 터지기전, 부인은 이미 빌로도 재킷과 레이스가 달린 소매를 한 배우에게 매혹되어 그와 함께 도망갔다. 장군은 그녀가 죽을 때까지 연금을 보내 주었지만 그녀의 후회와 눈물어린 편지에도 불구하고 자신의 집에 한 발짝도 발을 들여놓지 못하게 했다. 그들에게 아이들은 없었다.

V

예상과 달리 저녁은 테라스에 놓인 식탁위의 양초들이 흔들리지 않고 가만히 불타오를 정도로 온화하고 따뜻했다. 식사 도중 바실리 리보비치 공작은 모두를 즐겁게 해주고 있었다. 그의 언변술은 매우 뛰어났다. 그는 손님들 혹은 누구나 다 알고 있는 사람들 중 누군가를 주인공으로 하는 실제 에피소드를 토대로 이야기를 엮어나갔지만, 진지한 얼굴과 매우 사무적인 어조로 하도 허풍을 털며 말하는 통에 사람들은 배꼽이 빠져라 웃어대고 있었다. 오늘 그는 어느 아름답고 돈 많은 유부녀와 니꼴라이 니꼬라예비치의 결혼 실패를 화제로 삼았다. 그런데 문제는 부인의 남편이 그녀와의 파혼을 전혀 원치 않았다는 것이다. 그러나 공작의 허풍은 이상하게 서로 얽히고 설켜 뒤범벅이 되고 말았다. 항상 진지하고 조금은 격식에 얽매인 니꼴라이에게 양말만 신은 채 겨드랑이에 신발을 끼고서 밤거리를 달리게 했다는 것이다. 그리고 어느 골목에서 그를 체포한 순경은 니꼴라이에게서 장황하고도 격렬한 해명을 들은 이후에야 그가 강도가 아닌 검사보라는 사실을 믿었다는 것이다. 화자의 말에 따르면 결혼식이 이루어질 수도 있었지만, 마지막 순간에 결혼식에 갑자기 나타난 분별없는 가짜 하객들이 돈을 더 요구하며 스트라이크를 일으켰다는 것이다. 인색한 니꼴라이(실제로 그는 조금 인색했다)는 돈을 더 주기가 아까웠고, 또 억지 부리는 것을 싫어하는 사람인지라 법률 조항을 인용하면서 추가 지불을 거절했다는 것이다. 그러자 이 가짜 하객들이 결혼식에서 빠질 수 없는 질문-<참석한 분들 중 누구라도 이 결혼이 이루어져선 안돼는 이유를 아시는 분 있으면 말씀해 주시겠습니까?> -을 듣고서 이구동성으로 대답했다는 것이다: <예, 우리가 압니다. 우리들이 법원에서 진술했던 것들은 다 거짓이었어요. 검사님이 우리에게 위협하면서 억지로 시켰거든요. 그렇지만 우리가 잘 아는 이 부인은 이 세상에 둘도 없는, 성자 이오시프처럼 순결하고 천사처럼 착한 분이십니다.>

결혼 사건에서 실마리를 찾은 바실리 공작은 안나의 남편인 구스따프 이바노비치 프리예세도 그냥 놔두지 않았다. 그는 결혼식 다음날 경찰을 대동하고 처갓집으로 쳐들어가서는 신부에게 이제 결혼했으니 신혼집으로 갈 것을 요구했다는 것이었다. 단지 이 우스운 이야기에서 믿을 만한 것은 베라가 남쪽에 있던 자신의 집으로 급히 떠났기 때문에 그 당시 신혼 초였던 안나가 와병중인 어머니 곁에 늘 있어야만 했고, 이 때문에 불쌍한 구스따프 이바노비치는 우울과 낙담에 빠져있었다는 것이었다.

모두가 웃고 있었다. 눈을 가늘게 뜨며 안나도 미소 짓고 있었다. 번지르르한 얼굴에 기름에 의해 착 달라 붙여진 금발 머리 그리고 해골같이 움푹 들어간 눈을 지닌 깡마른 구스따프 이바노비치가 매우 추잡한 이빨을 드러내며 크게 너털웃음을 터트렸다. 지금도 첫날밤처럼 안나를 열렬히 사랑하고 있는 그는 항상 그녀 옆에 앉아 남들 몰래 그녀를 살짝 어루만지려했고, 이런 자신을 종종 겸연쩍어하고 어색해 하면서도 스스로 만족해하며 사랑스럽게 그녀를 돌봐주고 있었다.

식탁에서 일어나기 전, 베라 니꼴라예브나는 무의식적으로 손님의 수를 세었다. 13명이었다. 미신을 깊이 믿는 그녀는 잠시 생각에 잠겼다: <이건 불길한 징조인데! 내가 왜 진작 손님의 수를 세어 보지 않았지? 그리고 바샤도 잘못이지. 전화로 아무 말도 해주지 않고...>

셰인공작이나 프리예세 집에 친한 사람들이 모일 때면 으레 저녁 식사 후에 포커 판이 벌어지곤 했다. 자매가 카드놀이를 매우 좋아했기 때문에 양쪽 집안에서는 자신들만의 규칙까지 세웠다. 카드놀이의 모든 게임자들에게 똑같이 뼈로 만든 일정 금액의 칩을 분배했고, 카드놀이는 이 칩들이 어느 한 사람에게 다 넘어갈 때까지만 진행되었다. 그렇게 해서 그날 저녁의 카드놀이는 아무리 파트너들이 계속하자고 고집 부린다 할지라도 그만 파장해야 했다. 한번이라도 더 칩을 받을 수는 없었다. 이러한 엄격한 규칙은 한번 카드놀이를 시작했다하면 그칠 줄 모르는 베라 공작부인과 안나 니꼴라예브나를 자제시키기 위한 목적으로 만들어진 것이었다. 잃는 돈의 총액은 100루블이나 200루블 정도였다.

이번에도 사람들은 포커를 쳤다. 포커를 하지 않고 있었던 베라는 차를 준비 중인 테라스로 나가려 했지만 갑자기 응접실에서 하녀가 뭔가 비밀이 있는 듯한 모습으로 그녀를 불러 세웠다.

- "무슨 일이야, 다샤? "

- 침실 옆 자신의 작은 방을 지나가면서 베라 공작부인이 불만스럽게 물었다.

- "왜 그렇게 바보 같은 얼굴을 하고 있어? 그리고 손에 들고 있는 건 뭐야?"

다샤는 흰 종이로 조심스럽게 포장되어 장미빛 리본으로 정성껏 묶인 자그마한 사각형의 상자를 식탁 위에 내려놓았다.

- "맹세컨대, 제 잘못이 아니에요, 마님."

- 얼굴이 빨개진 그녀는 울먹이며 더듬더듬 겨우 말을 이어갔다.

- "그 사람이 와서 말했어요..."

- "그 사람이라니? 대체 누구를 말하는 거야?"

- "붉은 색 모자를 쓴... 배달부였어요, 마님."

- "그런데?"

- "부엌으로 들어와서는 식탁 위에 바로 이것을 내려놓지 뭐예요. '당신의 마님께 전해 주세요. 그러나 꼭 그녀의 손에 전해 주어야만 합니다.' 라고 말하더라고요. 제가 누가 보낸 것인가 물었죠. 그러자 그가 말하길 '여기에 모든 것이 쓰여 있어요.' 라고 하더라고요. 그리고 그 말만 남기

고선 그냥 휙 가 버렸어요.”

 -“그를 뒤쫓아 가 봐.”

 -“도저히 뒤쫓아 갈 수 없어요, 마님. 그는 식사 도중에 왔었고, 저는 정말이지 마님을 번거룹게 할 수 없었거든요, 마님. 이미 한 30분 정도 지 난 것 같아요.”

 -“그래, 알았어, 가서 일보도록 해.”

그녀는 가위로 리본을 잘라 그녀의 주소가 적혀있던 종이와 함께 바 구니에 버렸다. 보아하니 종이에 싸였던 붉은색 빌로도로 된 자그마한 보석함은 상점에서 방금 산 것 같았다. 베라는 연한 하늘색 비단으로 안 감을 댄 뚜껑을 열어서 검은색 빌로드 속에 들어있는 타원형의 금팔찌와 그 안쪽에 예쁜 8각형으로 섬세하게 접힌 종이쪽지를 보았다. 그녀는 재 빨리 쪽지를 펼쳤다. 눈에 익은 필체였으나 오늘날의 여성들이 그렇듯 그녀도 쪽지를 한쪽으로 밀어 놓고 팔찌를 먼저 살펴보았다.

그것은 매우 두껍지만 속은 비어있는 금팔찌였는데, 표면이 서툴게 세 공된 작은 석류석이 빼곡히 박혀있는 것이었다. 그러나 팔찌의 한가운데 에는 완두콩만한 5개의 아름다운 석류석들이 오래된 듯한 작은 녹색 보 석을 에워싸면서 우뚝 솟아있었다. 베라가 우연찮게 전기램프의 불빛 앞 으로 팔찌를 갖다대자, 윤기 나는 계란 모양의 표면 속 깊은 곳에서 갑 자기 매혹적인 진홍색의 살아있는 불꽃들이 활활 타오르기 시작했다.

<꼭 피같아!> -베라는 뜻밖의 불안함을 느끼며 생각했다.

그 다음 그녀는 편지를 생각해내고, 그것을 펼쳐 보았다. 그녀는 훌륭

한 필체로 짤막하게 쓰인 다음의 문장을 읽었다:

<깊이 존경하는 공작부인 마님 베라 니꼴라예브나!
당신의 기쁜 생일을 진심으로 축하드리면서, 제가 감히 당신에게
변변치 않은 저의 충성의 선물을 보내드립니다.>

'아, 이건 또 그 편지잖아!'

베라는 불만스럽게 생각했다. 그러면서도 편지를 끝까지 읽어 내려갔다...

<저는 이제껏 제가 직접 고른 무엇인가를 당신에게 바친다는 것
을 제 스스로에게 결코 허락하지 못했습니다. 제겐 그럴만한 자
격도, 세련된 감각도, 그리고 솔직히 돈도 없습니다. 그리고 저는
당신을 아름답게 꾸며 줄 수 있는 물건은 이 세상 어디에도 존
재하지 않는다고 생각합니다.
그러나 이 팔찌는 원래 저의 증조모님의 것이었지만 최근에는 고
인이 되신 저의 어머니가 그것을 지니고 계셨습니다. 큰 보석들
사이의 중간에 있는 녹색의 보석을 보십시오. 이것은 석류석 중
에서도 매우 진귀한 품종으로 녹색의 석류석입니다. 우리 집안
대대로 전해내려 오는 오래된 전설에 따르면, 그것을 지니고 다
니는 여성들에게는 예견의 능력이 부여되고, 근심이 사라지고, 남
자를 횡사로부터 보호할 수 있다고 합니다.

나머지의 정교하게 세공된 보석들은 오래된 은팔찌에서 옮겨 놓
은 것이기에 당신은 아마도 당신 이전에 그 어떤 누구도 이 팔
찌를 착용한 사람이 없음을 아시게 될 것입니다.

당신은 지금 이 우스꽝스러운 장난감을 내던져 버리거나 아니면
다른 누군가에게 줘 버리실지 모르지만, 저는 그것에 당신의 손
길이 닿았다는 것만으로도 행복할 것입니다.

제발 저를 너무 나무라지 말아 주십시오. 제가 감히 당신에게 바
보 같고도 이상한 편지를 쓰고 게다가 당신의 답장까지 기대했던
7년 전의 저의 불손함을 생각하면, 지금도 부끄러울 따름입니다.
지금 저에게는 단지 경건함, 영원한 숭배 그리고 맹목적인 충성
심만이 남아있습니다. 당신이 행복하다면, 저는 당신의 행복과 기
쁨이 영원하기를 바랄 뿐입니다. 저는 마음속으로 당신이 앉아
있는 의자에, 당신이 걸어 다니는 바닥에, 당신이 지나가다 건드
리는 나무에, 당신과 이야기하는 하녀에게, 땅에까지 엎드려 절합
니다. 저는 지금껏 그 누구에게도, 그 어떤 물건에 대해서도 이
렇게 선망을 해본 적이 없습니다.

장황하고 불필요한 편지로 당신의 심기를 불편하게 한 제 무례함
을 다시 한번 용서하십시오.

죽을 때까지, 그리고 죽은 이후에도 영원한 당신의 종 「.C.ж.>

'바샤에게 보여줄까 말까? 만일 보여준다면, 언제? 지금 아니면 손님들
이 간 후에? 아니야, 나중에 보여주는 것이 낫겠어. 지금은 이 바보 같은
사람뿐만 아니라 나마저도 우스워질 테니까.'

이렇게 생각을 고쳐먹은 베라는 5개의 석류석들 속에서 가물거리고 있는 5개의 진홍색 불꽃으로부터 눈을 뗄 수 없었다.

VI

참모장 뽀나마레프는 방금 포커 판에 참여했다. 이 게임을 할 줄 모른다고 했던 그는 원래 농담으로도 도박을 할 때 느끼는 초조함을 싫어한다고 말했지만, 그나마 빈뜨 놀이는 좋아하고 잘한다고 했다. 그러나 그는 사람들의 권유로 결국 포커를 하기로 했다.

그는 포커를 처음 배웠지만 매우 빨리 포커의 규칙에 익숙해졌고, 30분도 채 되지 않아 득점이 되는 모든 칩들이 그 앞에 쌓이게 되었다.

- "이러면 안돼는 데!"

- 안나가 약간 삐친 듯이 말했다.

- "조금만 따야 되는데."

손님들 중 세 사람은-스베니쉬니끄, 부대장, 그리고 약간 우둔하고 고리타분하지만 예절바른 독일인 부지사-베라가 어떻게 그들을 상대해야 할지 그리고 도통 그들과 무엇을 해야 할지 전혀 알 수 없는 그런 부류의 사람들이었다. 그녀는 그들을 위해 빈뜨 놀이를 마련하고 구스따프 이바노비치를 끼워 넣었다. 안나는 멀리서 감사의 뜻으로 찡긋 윙크를 했고, 언니는 즉시 그 의미를 알아차렸다. 만일 구스따프 이바노비치를 카드놀이에 끼워주지 않는다면, 해골 같은 얼굴에 자신의 추잡한 이빨을 드러내 보이며 부인의 기분을 상하게 하면서 저녁 내내 그녀 옆에 꼭 달라붙어 있을 것이라는 걸 모두가 알고 있던 터였다.

어느새 자연스러워진 저녁 분위기는 한껏 물이 오르고 있었다. 바슈초크는 젠니 레이쩨르의 반주에 맞춰 아탈리아의 민요 칸초네와 루빈슈테인의 동양의 노래를 속삭이듯 부르고 있었다. 작지만 유쾌한 음색의 그의 목소리는 온순하고도 진실했다. 젠니 레이쩨르는 매우 까다로운 음악가였지만 언제나 기꺼이 그에게 반주해 주고 있었다. 게다가 바슈초크가 그녀에게 청혼했다는 소문이 있었다.

구석의 베개가 달린 소파에서 안나는 경기병에게 분별없이 교태를 부리고 있었다. 그 쪽으로 다가간 베라는 미소를 지으며 그들의 말에 귀를 기울였다.

-"아니요, 아니에요, 당신 제발 웃기지 좀 마세요."

-자신의 사랑스럽고도 도전적인 따따르인의 눈을 귀엽게 뜨면서 안나는 유쾌하게 말했다.

-"그러니까 당신은 기병중대 앞에서 부리나케 뛰어가는 것과 경마 때 울타리를 뛰어 넘는 것을 잃이라고 생각하신다는 거죠. 그런데 우리를 한 번 봐요. 우리는 이제야 "알레그리 추첨게임"을 끝냈어요. 당신은 이것이 쉬울 것이라 생각해요? 사람들도 많고, 담배 연기도 자욱하고, 이름도 모르는 정원사와 마부가 지나다니고... 게다가 모두들 불평과 억울함에 대해서 이야기하죠... 정말이지 하루 종일 앉아 있을 시간도 없다고요... 앞으로도 잃한 여자 분들을 위한 콘서트를 진행해야 되고, 그 다음엔 무도회

를 엮어야 되는데..."

- "거기서 나는 당신과 함께 마주르까 춤을 추고 싶은데 거절하진 않으실 거죠?"

- 바흐찐스끼가 몸을 약간 구부리며 일어서면서 안락의자 아래를 박차로 튕겼다.

- "감사합니다... 그러나 제가 가장 마음 아프게 생각하는 곳은 우리의 보육원이에요. 이해하시나요, 결함이 있는 아이들을 위한 보육원을요..."

- "오, 충분히 이해해요. 거기선 아마... 뭔가 매우 우스꽝스러운 일이 벌어지겠죠?"

- "그만두세요, 그런 상황을 조롱하는 당신은 부끄러운 줄 알아야 해요. 그런데 당신은 우리의 문제가 무엇인지 아세요? 우리는 전적으로 선천성 장애아들, 비행청소년들과 같이 정신적으로 불행한 아이들에게 안식처를 제공해 주고, 그들을 추위로부터 보호하고 애정으로 감싸주어야 해요..."

- "음!..."

- "...그들의 도덕심을 고양시키고, 그들의 영혼 속에서 인간의 본분에 대한 의식을 일깨워야 해요... 나를 이해하시겠어요? 매일 수많은 아이들을 우리에게 데리고 와요. 그러나 그들 중 결함이 있는 아이들은 한 명도 없죠! 만일 부모들에게 아이가 결함이 있는 것 아니냐고 물어보면, 그들은 모욕감을 느껴요! 그런데 보육원도 열고, 전기도 들어오고, 정말이지

모든 것을 다 갖추었는데 여기엔 여학생이든 남학생이든 단 한 명의 교육 받을 아이가 없어요. 경험 있는 아이들을 데려오기 위해 장려금이라도 줘야 할 형편이라니까요."

－"안나 니꼴라예브나."

－경기병이 조용하지만 장난스럽게 그녀의 말을 가로막았다.

－"장려금을 왜 줍니까? 나를 데려가세요. 솔직히 말 하건데, 당신은 나보다 더 경험이 있는 아이를 찾지 못할 겁니다."

－"그만두세요! 당신과는 더 이상 진지하게 이야기를 나눌 수 없군요."

－그녀는 베개가 달린 소파에서 몸을 반듯이 젖히면서 눈을 반짝이며 깔깔대고 웃어댔다.

바실리 리보비치 공작은 큰 원탁에 앉아 자신의 여동생과 아노소프와 처남에게 자신이 직접 그린 삽화가 끼어 있는 유머러스한 가족 앨범을 보여주고 있었다. 네 명이 모두 배꼽을 잡고 웃어대자 카드놀이를 하던 손님들이 조금씩 이곳으로 모여들었다.

앨범은 마치 바실리 공작의 풍자적인 이야기를 뒷받침 해주는 물건 같았다. 너무도 태연하게 그는 사진을 보여주며 다음과 같은 예를 덧붙였다: <터키, 불가리아 그리고 다른 나라들에서 활약한 용맹한 아노소프 장군의 연성편력 이야기>, <몬테카를로에서 벌어진 니꼴라이 불라뜨 뚜가놉스끼공작의 결혼 사기극> 등등.

－"여러분, 여기 좀 보세요, 우리의 사랑하는 여동생 류드밀라 리보브나

의 짤막한 일대기입니다.”－여동생에게 재빨리 눈웃음을 던지며 그가 말
했다: ‘제 1 편－어린 시절. 아이가 성장했고, 그 아이를 ‘리마’라 불렀다.’

앨범의 기입용지에는 소녀의 모습이 일부러 어린아이처럼 그려져 있었다.

－“나를 ‘리마’라고 부르는 사람은 아무도 없었어요.”

－류드밀라 리보브나가 웃었다.

－“제 2 편－첫사랑. 기병대의 사관학교 생도는 무릎을 꿇고 자신이 손
수 지은 짧은 시 한편을 리마에게 바쳤죠. 거기엔 참으로 주옥같이 아름
다운 문장이 적혀 있었습니다.”

당신의 아름다운 다리는
천상의 열정이 빚어낸 현상이리라!

여기에 그녀의 진짜 다리가 있습니다. 그런데 여기에서 생도는 순진한
리마를 꼬여 가출하도록 만들었죠. 이것이 도망갈 때의 모습입니다. 그
런데 바로 이때 위기일발의 상황이 펼쳐졌죠. 그녀의 아버지가 노발대발
하며 그들을 따라잡고 있었거든요. 그런데 위기감을 느낀 생도가 치사하
게 이 모든 책임을 온순한 리마에게 전가시켜 버렸죠.

당신은 여전히 화장만 하고 있군요, 쓸데없이 시간만 놓치고,
무서운 추격이 우리 뒤를 따르고 있는데...
당신은 어떻게 추격을 벗어나려 하시나요,.

나는 관목숲 속으로 달려갑니다.

소녀 리마의 이야기에 뒤이어 새로운 화제가 전개되고 있었다: <베라 공작부인과 사랑에 빠진 전신수>

－"이 감명 깊은 서사시는 아직까지는 만년필과 색연필로만 그려져 있어요." － 바실리 리보비치가 진지하게 설명하고 있었다. － "텍스트는 아직 준비 중입니다."

－"여기 뭔가 새로운 것이 있는 것 같아."

－아노소프가 눈치를 챘다.

－"내가 아직 못 본 것인데."

－"가장 최근에 발행된 거예요. 서점의 참신한 새 소식이죠."

베라는 조용히 그의 어깨를 건드렸다.

－"이제 그만 하는 것이 좋겠어요."

－그녀가 말했다.

그러나 바실리 리보비치는 듣는 둥 마는 둥 그녀의 말에 개의치 않고 계속 말을 이어갔다.

－"이 이야기는 선사 시대로 거슬러 올라가서 시작됩니다. 따스한 5월의 어느 날, 베라라는 한 소녀는 편지지의 머리말 부분에 서로 입을 맞추고 있는 비둘기의 모습이 그려진 편지를 우편으로 받게 되죠. 바로 이것이

편지고, 이것이 비둘기입니다. 철자법이 엉망이던 편지에는 열렬한 사랑의 고백이 담겨 있었죠. 그것은 이렇게 시작됩니다: <아름다운 금발의 여인이여, 당신은... 나의 가슴속에서 들끓고 있는 격렬한 화염의 바다입니다. 당신의 시선은 마치 독사처럼 나의 지쳐버린 영혼을 꽉 물었습니다.> 등등. 마지막에는 간략한 서명이 있었죠: <저는 비록 가난한 전신수에 불과하지만 저의 감정만큼은 게오르기 경 못지않을 것입니다. 저는 감히 저의 완전한 성을 밝힐 수 없습니다. 그것은 너무나도 하찮기 때문에요. 단지 이니셜만을 서명 하겠습니다. П. П. Ж. 저에게 레스딴떼 중앙우체국으로 회답해 주실 것을 부탁드립니다.> 여기서, 여러분, 색연필로 잘 그려진 바로 그 전신수의 초상화를 볼 수 있습니다.

심장에 화살이 꽂힌 것처럼 베라는 마음이 아팠습니다. 그러나 착하고 예의바른 소녀처럼, 그녀는 부모님과 자신의 어릴 적 친구 그리고 약혼자인 멋진 청년 바샤 셰인에게 편지를 보여주었죠. 이것이 삽화입니다. 물론 여기 이 그림에 시구(詩句)를 달 것입니다.

바샤 셰인은 흐느껴 울면서 베라에게 약혼반지를 되돌려 주었습니다: <'나는 당신의 행복을 막을 수 없소.' ─ 그는 말했죠. '그러나 간청하건데, 단번에 단호한 결정을 내리지 말기 바라오. 나인지 그인지 다시 한번 생각 좀 해보오, 신중히 말이오. 아직 어려서 인생을 잘 모르는 당신은 마치 반짝이는 등불 속으로 날아드는 나비 같소. 그런데 나는─아아!─나는 냉혹하고 위선적인 세계를 알고 있소. 전신수들은 사람을 매혹시키기도 하지만 또한 간교한 면이 있다는 것을 명심하시오. 그들은 거만함과 거짓으로 미숙한 희생양을 속이고, 잔혹하게 희생양을 비웃으면서, 형언할 수 없

는 쾌락을 만끽한단 말이요' >

반년이 흘렀습니다. 회오리바람 같은 인생의 왈츠에서 베라는 자신의 숭배자를 잊고 잘생긴 청년 바샤에게 시집갔으나, 전신수는 그녀를 잊지 못했습니다. 때로 그는 그을음으로 더렵혀진 굴뚝 청소부로 변장해서 베라의 서재에 침입했죠. 그리고 다섯 손가락과 두 입술의 자국들을 여기저기에 남겨 두었죠: 카펫의 쿠션들, 벽지들, 심지어 세공 마루까지.

한번은 그가 설거지를 하는 하녀로 변장하고 부엌으로 들어왔는데, 요리사 루까가 하도 쫓아다니는 바람에 그만 도망쳐 버리고 말았죠.

그는 정신병원에 들어갔습니다. 그리고는 결국 삭발하고 수도승이 되었죠. 그런데도 그는 매일 끊임없이 베라에게 열렬한 사랑의 편지를 보냈어요. 그 편지지 위엔 그의 눈물로 얼룩진 잉크 자국들이 남아 있었죠.

마침내 그는 죽었지만, 죽기 전 유품으로 2개의 단추와 자신의 눈물로 가득 채워진 향수병을 베라에게 남겨 주었죠..."

—"차 드실 분 안계세요?"
— 베라 니꼴라예브나가 물었다.

VII

기나긴 가을의 저녁노을이 사라졌다. 회청색의 구름 떼와 땅 사이에서 붉게 물들어 있던 지평선 맨 끝자락에는 마치 틈처럼 좁은 마지막 붉은 줄이 사라져버렸다. 땅도, 나무도, 하늘도 이제 더 이상 보이지 않았다. 다만 머리 위에서 큰 별들이 깜깜한 밤에 자신의 속눈썹들을 깜박거렸고, 등대의 푸른빛은 가느다란 기둥 위로 끝까지 올라가다가 공중에서 안개처럼 희뿌연 빛의 원을 그리고 있었다. 나방들은 양초를 덮은 종 모양의 유리그릇에 부딪치고 있었다. 집 앞의 작은 정원에 있는 별 모양의 하얀 연초들은 어둠과 냉기로 인해 더 강렬한 냄새를 내뿜고 있었다.

스뻬쉬니꼬프, 부지사 그리고 부대장 뽀나마레프는 사령관을 위해 역에서 말들을 다시 되돌려 보내겠다고 약속하면서 이미 오래 전에 자리를 떴다. 남아있던 손님들은 테라스에 앉아 있었다. 아노소프 장군의 거부에도 불구하고 자매는 그에게 외투를 걸치게 하고, 따뜻한 숄로 발을 감싸주었다. 그들 앞에는 장군이 좋아하는 적포도주 'Pommard'가 놓여 있었고, 그의 양 옆으로 나란히 베라와 안나가 앉아 있었다. 그들은 그의 술잔에 매우 진한 포도주를 가득 채우고 그 앞에 성냥갑을 가져다 놓고 치즈를 자르는 등 세심하게 장군의 시중을 들고 있었다. 노사령관은 더 없는 행복감으로 눈을 반쯤 감고 있었다.

-"그래... 가을이야, 가을, 가을."

-노장군은 양초 불을 바라보면서 깊은 생각에 잠긴 채 고개를 저으며 말했다.

-"가을이야. 나는 이제 가야 할 때가 되었구나. 아, 얼마나 애석한 일인지! 행복한 나날이 이제 막 다가왔었는데 말이다. 여기 해안가에서 평화롭고 평온하게 살고 싶구나..."

-"우리 집에서 함께 지내시면 얼마나 좋아요, 할아버지."

- 베라가 말했다.

-"안된다, 귀여운 아가씨, 안되고말고. 일을 해야지... 휴가는 끝났단다... 말만 들어도 정말 흐뭇하구나! 장미가 어떤 향기를 내는지 한번 보렴... 여기서도 느껴지는구나. 그렇지만 무더운 여름날에는 어떤 꽃에서도 향기가 나질 않지. 단지 하얀 아카시아에서만... 사탕같은 냄새가 날뿐..."

베라는 꽃병에서 붉은빛과 선홍빛의 자그마한 장미 두 송이를 꺼내 장군의 외투 금장에 꽂아주었다.

-"고맙다, 베로치까."

- 아노소프는 제복 외투의 앞섶 쪽으로 고개를 숙여 꽃향기를 맡으면서 갑자기 흐뭇하게 미소 지었다.

-"우리가 부하레스뜨에 도착했을 때가 생각나는구나. 우린 제각기 자기 숙소를 찾아갔었지. 그때 나는 그냥 거리를 거닐게 됐어. 그런데 갑자기 강한 장미향이 느껴져서 멈춰 섰더니 두 병사 사이에 장미유가 들어있는 아름답고 투명하고 목이 가느다란 병이 놓여 있는 거야. 그들은 이미 그것을 장화와 소총에 발랐더군. '자네들이 가지고 있는 건 대체 뭔가?' 하고 내가 물었지. '기름 같은 것입니다, 장군님, 그것을 죽에 넣어 보았지

만 너무 써서 도통 먹을 수가 없었어요, 그렇지만 향기는 정말 좋습니다.'
라고 대답하더군. 그들에게 1루블을 주자, 그들은 좋아라하며 나에게 그것
을 건네주었어. 기름은 벌써 반도 채 남아 있지 않았지만, 물가를 고려해
보면 적어도 200루블 정도의 가치는 있는 것이었지. 병사들은 만족스러워
하며 덧붙이더군. '여기 한 가지가 더 있습니다, 장군님. 터키의 완두콩 같
은 것인데, 아무리 삶아도, 전혀 익지 않아 처치 곤란입니다.' ― 그것은 아
편이었단다. 나는 그들에게 말했지. '이것은 터키인들에게나 쓸모 있지, 우
리병사들에게 맞지 않네.' 다행히도 그들은 아편을 하지 않았단다. 내가
진흙탕 속에 밟혀 납작해진 그 알약들을 보았거든.

― "할아버지, 솔직하게 말씀해 보세요."

― 안나가 물었다.

― "전투 중 공포감에 사로잡히진 않으셨어요? 무섭진 않으셨나요?"

― "참 이상하지, 아네치카. 무섭지는 않았단다. 그렇지만 너에게 전투가
무섭지 않았다든지 탄환의 쌩쌩거리는 소리가 자신에게는 가장 기분 좋
은 음악 소리와도 같다고 말하는 사람을 믿지는 말거라. 이런 사람은 미
치광이이거나 아님 교만한 사람일 테니까. 모두가 똑같이 무서울 게다. 단
지 어떤 사람은 공포로 힘이 빠진 것일 테고, 다른 사람은 자제하는 것일
게다. 알다시피 무서움은 항상 똑같지만 자제하는 경우는 실전에 단련되
어 더 강해진 것이지. 여기서 영웅들이나 용사들이 배출되는 것이란다. 그
런데 나는 정말 딱 한번 너무 무서워서 죽을 뻔한 적이 있었지."

－"말씀해 주세요, 할아버지"

－자매가 이구동성으로 졸라댔다.

그들은 어렸을 때처럼 아노소프의 이야기에 빠져들었다.

안나는 자신도 모르게 완전히 어린아이처럼 식탁에 팔꿈치를 양쪽으로 걸치고, 턱을 손등에 얹어 놓았다. 그의 침착하고도 순수한 이야기는 그 어떤 기분 좋은 매력을 담고 있었다.

－"매우 짧은 이야기란다."

－아노소프가 계속 말을 이었다.

－"이것은 머리에 타박상을 입은 후 어느 겨울날 쉼까에서 있었던 일이지. 우리는 모두 네 명이었고 움막에서 살았지. 그런데 거기서 나에게 끔찍한 일이 일어났지 뭐냐. 어느 이른 아침에 내가 침대에서 일어났는데, 순간 내가 야꼽이 아니라 니꼴라이라는 생각이 들더니 도저히 이 생각이 머리에서 떠나질 않는 거였어. 나는 내가 미친 게 아닌가 싶어 물을 갖다 달라고 소리쳤지. 그리고 머리를 조금 적셨더니 그제야 정신이 좀 들더구나."

－"야꼽 미하일로비치씨, 제 생각에 당신은 아마도 그곳에서 뭇 여성들의 마음을 사로잡았을 것 같아요."

－피아니스트 젠니 레이쩨르가 말했다.

－"당신은, 분명 젊었을 때 매우 미남이셨을 거예요."

－"오, 우리 할아버지는 지금도 미남이에요!"

- 안나가 소리 높여 말했다.

- "미남은 아니었단다."

- 아노소프가 평온하게 미소 지으며 말했다.

- "그렇다고 내가 못났다고도 생각하진 않았지. 바로 부하레스트에서 매우 감명 깊은 사건이 있었다. 우리가 그 곳으로 입성했을 때 주민들이 도시의 광장에서 포화를 터트리며 우리를 맞아 주었단다. 이 때문에 수많은 유리창들이 박살나고 말았지. 그런데 말이다, 유리창 앞에 물이 든 컵을 놓으면 유리창이 깨지지 않는단다. 내가 이것을 어떻게 알았는지 아니? 어떻게 알았냐 하면 말이다, 아파트로 안내되어 가는 도중에 나는 창쪽에 놓인 낮은 새장을 보게 됐어. 그 새장 위에는 맑고 깨끗한 물이 담긴 크고 투명한 어항이 놓여 있었지. 그 어항 속에서는 아름다운 물고기들이 헤엄치고 있었는데, 그놈들 사이에 글쎄 카나리아가 앉아 있는 거야. 물속에 카나리아가 있다니! 정말 놀라운 일이었지. 그런데 자세히 살펴보니 밑바닥이 넓은 어항의 한가운데가 안쪽으로 깊이 파인 것이더구나. 그 때문에 카나리아는 자유롭게 그리 날아와 앉아 있을 수 있었던 거였어. 그제야 나는 내가 얼마나 둔했는가를 생각했지.

나는 숙소로 들어가다 매우 아름다운 불가리아 소녀를 보게 되었지. 그녀에게 신분증을 제시하면서 어떻게 이곳의 유리창은 포격 이후에도 깨지지 않았냐고 물어 보았단다. 그랬더니 그녀가 물 때문에 그런 것이라고 말해 주더군. 그리고 카나리아에 대해서도 설명해 주었고 말이야. 그때까지 나는 전혀 알아차리지 못했던 거야!... 그리고 그때 눈을 맞추며 이야기하던 우리 사이엔 전기 같은 불꽃이 튀었지. 그리고선 내가 사랑에 빠졌다는 것을 느꼈어. 타오르는 불꽃처럼 돌이킬 수 없이 말이야."

노인은 잠시 말을 멈추더니 조심스럽게 흑포도주를 입술에 적셨다.

－"그러면 당신은 그 이후에 그녀에게 사랑을 고백하셨나요?"

－피아니스트가 물었다.

－"음... 물론, 고백했지... 그렇지만 아무 말 없이 말이야. 그렇게 했지..."

－"할아버지, 우리의 얼굴을 빨갛게 달아오르게 할만 한 행동을 하신 건 아니죠?"

－안나가 능청맞게 웃으며 끼어들었다.

－"아니다, 아니야. 우리의 사랑은 가장 고상한 것이었단다. 정말 우리가 숙영했던 곳의 주민들은 우리 때문에 불편한 점도 있었고, 편리한 점도 있었지. 그러나 부하레스트에서만은 내가 바이올린을 켜기라도 하면, 아가씨들이 즉시 아름다운 옷으로 갈아입고 춤을 추었을 정도로 주민들은 우리와 그렇게 친숙하게 지냈어. 매일 그런 일들이 생겼지.

언젠가 달빛이 비추는 저녁, 춤을 추던 나는 그 불가리아 소녀가 숨어 있었던 출입구의 방으로 들어갔단다. 나를 본 그녀는 시들은 장미 꽃잎들을 정리하는 척했지. 주민들이 장미 꽃잎을 아주 많이 모으고 있었거든. 나는 그녀를 내 품에 꼭 끌어안고 몇 번이나 키스했지.

그때부터 하늘에 별과 달이 뜰 때면 나는 내 연인에게로 달려가 그녀와 함께 있으며 모든 고민거리들을 털어버리곤 했단다. 그 곳에서 떠날 때 우리는 서로 영원히 사랑할 것을 기약하며 마지막 작별 인사를 나누었지."

- "그게 다예요?"

- 류드밀라 리보브나가 실망스러운 듯 물었다.

- "뭘 더 원하시오?"

- 사령관이 반박했다.

- "아니에요, 야꼽 미하일로비치, 그런데 죄송합니다만, 그것은 사랑이 아니라 단지 군장교의 야영담일 뿐 이예요."

- "잘 모르겠소, 정말 잘 모르겠어. 그것이 사랑이었는지 아니면 다른 감정이었는지..."

- "그건 사랑이 아니예요... 그런데 한번 말씀해 보세요... 정말 당신은 실제로 단 한번도 진실한 사랑을 해보신 적 없으세요? 당신도 아시다시피, 그 사랑은... 음, 그 사랑은...한마디로... 신성하고, 순수하고, 영원한 사랑 말이예요... 지상의 것이 아닌... 정말 그런 사랑을 해보신 적 없으세요?"

- "정말 내가 뭐라고 대답해야 할지 모르겠군."

- 노인은 안락의자에서 일어나면서 천천히 말했다.

- "아마 그런 사랑을 해본 적이 없었던 것 같아. 처음에는 항상 시간이

없었지. 청춘, 떠들썩한 술자리, 카드놀이, 전쟁 따위에 정신이 없었거든. 청춘은 다 지나가고, 건강도 망가져 삶이 끝나 버린 것만 같았지. 그리고 나 되돌아보니 나는 이미 폐인이 돼버린 것 같았고... 자, 이제, 베로치카, 더 이상 나를 붙잡지 마라. 나는 이만 가봐야겠구나... 이보게, 경기병!"

- 그는 바흐쩐스끼를 쳐다보았다.

- "밤 기운이 따스하군, 우린 그만 마차로 가세나."

- "그럼 제가 배웅해 드릴게요, 할아버지."

- 베라가 말했다.

- "저도요."

- 안나가 맞받았다.

배웅하러 나가기 전에 베라는 남편에게 다가가 조용히 말을 건넸다.

- "한번 가서 보세요... 저기 내 책상 서랍에 붉은 케이스가 있어요. 그리고 그 속에 편지가 들어 있고요. 그것을 한번 읽어보세요."

VIII

바흐쩐스끼와 함께 안나가 앞장서 걸어갔고, 20보 간격으로 그들의 뒤를 따라 사령관이 베라의 부축을 받으며 걸어갔다. 밤은 순식간에 칠흑

처럼 어두워졌다. 그래서 눈이 어둠에 익숙해질 때까지 발을 더듬으며
길을 찾아내지 않으면 안 되었다. 나이에 비해 놀라운 시력을 지니고 있
었던 아노소프는 자신의 동반자를 도와주어야만 했다. 이따금씩 그는 자
신의 크고 차가운 손으로 자신의 옷소매에 가볍게 얹어있는 베라의 손을
부드럽게 쓰다듬었다.

- "류드밀라 리보브나는 재미있는 여자야."

- 갑자기 장군은 마음속으로 생각하고 있던 것을 말했다.

- "여자가 50살이 가까워지면 많이다, 특히 여자가 과부나 노처녀라면,
그런 여자는 대개 타인의 사랑에 관해 꼬여 있기 마련이지. 이간질하고,
남의 불행을 기뻐하고, 있는 얘기 없는 얘기 주절거리던지 혹은 타인의
행복을 방해하거나 많이 필요 없는 고결한 사랑에 관해 마치 자기가 앓기
나 하는 것처럼 장황하게 늘어놓곤 하지. 그렇지만 나는 오늘날의 사람들
이 사랑하는 것을 잊어 버렸다고 말하고 싶단다. 진실한 사랑을 보지 못
했거든. 하긴 내 세대에서도 그랬지!

- "왜 그렇게 말씀하세요, 할아버지?"

- 그의 손을 가볍게 잡으면서 베라가 부드럽게 반박했다.

- "왜 거짓말하세요? 할아버지도 분명 결혼을 하셨잖아요. 그럼 두 분
도 서로 사랑하셨던 것 아닌가요?"

- "결혼했던 건 아무 것도 아니었단다, 사랑스런 베로치카. 넌 내가 어
떻게 결혼했었는지 아니? 내 옆에 아리따운 아가씨가 앉아 있었지. 숨쉴

때 짧은 상의 속에서 가슴이 움직였지. 긴 속눈썹을 내리깔고 말이야. 갑자기 모든 것이 불타오르기 시작했어. 그리고 부드러운 뺨의 감촉, 가늘고 하얀 순결한 목 그리고 보드랍고 포근한 손. 그런데 그때 그녀의 아버지, 어머니가 가까이에서 왔다 갔다 하면서 문 뒤에서 엿듣고 있었지. 그리고는 심하게 배신당한 그런 서글픈 눈길로 나를 바라보셨지. 그러다 내가 집에서 나가면 문 뒤에서 그들이 자신의 딸에게 뽀뽀하는 소리를 들을 수 있었어... 차 마실 때에는 마치 우연처럼 그녀의 다리가 식탁 아래에 있는 나의 다리를 살짝 스쳤단다... 모든 준비가 끝난 거지. '친애하는 니끼따 안또느이치씨, 당신 딸을 저에게 주십시오. 이 천사 같은 아가씨가...' 그런데 이미 눈물이 고인 장인은 나에게 키스를 하려고 다가오며... '이보게! 나는 이미 오래 전부터 눈치 채고 있었다네... 자, 하느님의 도움으로... 이 소중한 보물을 아껴 주게나...' 그러나 3개월이 지나자 이 천사 같은 보물은 실내 모자를 쓰고 다니거나 슬리퍼도 신지 않은 채 맨발로 다녔으며, 빗질도 하지 않은 채 숱이 적은 머리칼들을 고대기로 감고서 사병들과 서로 싸우고, 젊은 장교들에게는 교태를 부리고, 왜 그런지는 모르겠지만 사람들 앞에서 나를 '좌끄'라고 부르는 거야. 코맹맹이 소리로 천천히 길게 늘여 <좌-아-아-끄>라고 말이야. 사치스럽고, 위선적이며, 정숙하지 못하고, 탐욕스러운 여자였어. 그리고 눈은 항상 거짓으로 충만해 있었지. 모두 지난 일이고 이제는 마음 정리를 다했다. 나는 이 위선적인 여자에게 내심 감사하기까지 한단다... 아이들이 없었으니 얼마나 다행스런 일이 없는지..."

－"그들을 용서했나요, 할아버지?"

- "용서했지. 말로만 그런 것이 아니라 진짜로 말이다, 베로치까. 처음 에는 미치는 줄 알았지. 만일 그때 그들을 봤더라면, 물론 그 두 사람을 후려쳤을 거야. 그러나 점점 그런 감정이 가라앉았고 무관심 외에는 아무 것도 남지 않게 되었단다. 그리고 나선 편안해졌어. 하느님의 도움으로 피 도 안 흘리게 됐고 말이야. 그 뿐 아니라 나는 대부분의 남편들이 해야 하 는 역할도 피할 수 있었지. 만일 내가 이런 불쾌한 경우를 당하지 않았더 라면 내가 어떻게 되었겠니? 짐을 싣는 낙타, 은둔자, 젖소, 병풍, 집에서 불필요한 물건... 아니다! 베로치까, 지금처럼 된 것이 천만다행이지."

- "아니요, 할아버지, 전 그런 줄도 모르고... 아픈 과거를 끄집어내게 해서 죄송해요. 그렇지만 할아버지는 자신의 불행했던 경험을 전 인류의 것으로 치부하고 계세요. 바샤와 전 어떤 걸까요. 과연 우리의 결혼을 불 행하다고 말할 수 있을까요?"

아노소프는 꽤 오랫동안 아무 말도 하지 않았다. 그리고선 마지못해 띄엄띄엄 말했다.

- "음, 그래... 예외가 있을 수 있단다... 그렇지만 사람들이 결혼을 왜 하는 걸까? 여자를 한번 예를 들어보자꾸나. 특히, 여자에게 있어 친구들 은 이미 시집을 다 갔는데 자신만 노처녀로 남아 있다면 얼마나 부끄럽겠 니. 게다가 집에서 밥이나 축내고 있으니 그 괴로움이야 오죽하겠어. 여자 들은 독립적으로 한 가정의 중요한 여주인이 되기를 희망하지... 게다가 또 자신의 가족을 형성하기 위해 반드시 아이를 갖고 말이야. 반면 남자 들에게는 다른 이유들이 있단다. 첫째, 독신생활, 지저분해진 방, 질려 버

린 식당 밖, 담배꽁초 더미, 멋대로 나뒹구는 세탁물, 빛, 갑자기 들이닥치는 친구들에 대한 피로감 등등이 있지. 둘째, 가정을 이루고 사는 것이 더 유리하고, 더 건전하며, 더 경제적이라는 것을 깨달은 것이지. 셋째, 아이들이 생긴다는 것을 생각할게다. 나는 죽더라도 나의 분신은 이 세상에 남아 있다... 이것은 일종의 영원함의 환상과도 같은 거야. 넷째, 내 경우처럼 여자에게 순진하게 넘어간 경우란다. 그 외에 때로는 지참금을 염두에 두는 남자들도 있어. 이러한데, 도대체 사랑이란 것이 어디에 있는 거지? 사랑은 사심이 없고, 헌신적이며, 대가를 기대하지 않는 것이 아니냐? '사랑은 죽음처럼 강하다.'란 이 말에 대해선 어떻게 생각하니? 헌신하고 인생을 바치고 고난도 마다하지 않는, 전혀 힘들지 않고 기쁨만이 존재하는 그런 사랑을 이해할 수 있겠니? 베라, 넌 지금 내가 너의 바샤에 관해 이야기 해주길 바라고 있지? 진심으로 나는 그를 좋아한단다. 그는 좋은 남자야. 누가 알겠니, 어쩌면 그의 사랑이 세상에서 제일 아름다운 것일지도. 그렇지만 내가 말한 사랑에 관해 한번 잘 생각해 보렴. 사랑은 아마도 비극임에 틀림없다. 우주에서 가장 신비스러운 것이지! 사랑에 그 어떤 삶의 편리함, 계산, 타협이 있어서는 절대로 안 된단다.

- "그러한 사랑을 보신 적 있으세요, 할아버지?"

- 베라가 조용히 물었다.

- "아니."

- 노인은 단호하게 대답했다.

- "그렇지만 나는 이와 비슷한 두 경우를 알고 있지. 그러나 한 경우는

바보 같은 것이었고, 다른 경우는... 맣하자면... 어떤 쓰라림 같은... 딱한
경우였단다... 네가 듣고 싶다면, 얘기해 주마. 길지 않은 얘기니까.”

- “맣씀해 주세요, 할아버지.”

- “음, 그래. 우리 사단의 한 부대에는(우리 사단만 그런 것은 아니었
지) 연대장의 부인이 머물고 있었단다. 베로치카야, 그녀는 너무 평범했
어. 멀대같은 키에 뼈만 앙상하고, 얼굴은 불그스레한 게 피골이 상접하
고, 입은 또 엄마나 큰지... 게다가 낡은 모스크바 건물에서처럼 그녀의 얼
굴에서는 분가루가 떨어져 흩어지고 있었지. 그러나 너도 눈치 챘겠지만
연대장의 부인은 메살리나 같았단다. 예민했으며 남자를 밝히는데다가 권
위적이면서 사람들을 무시했고 변화에 대한 강한 욕망으로 들끓고 있었
지. 게다가 모르핀 중독자이기도 했고 말이야.

그런데 어느 가을날 육군사관학교를 이제 갓 졸업한, 완전히 참새 새끼
와도 같은 새로 임명된 소위보가 바로 그 연대로 파견됐지. 한 달 뒤 이
늙은 맣은 그에게 완전히 빠져 버렸단다. 그는 그녀의 시동이자 머슴이고
노예였지. 무도회에서 그녀의 영원한 파트너였던 그는 그녀의 부채와 숄
을 항상 들고 다녔고, 엄동설한에도 아랑곳하지 않고 제복만을 입은 채
그녀의 맣을 부르기 위해 뛰쳐나가곤 했어. 그런데 맑고 순수한 청년이
늙고 노련하며 권세욕이 강한 탕녀의 발아래 자신의 첫사랑을 바쳤을 때,
정말 끔찍한 사건이 벌어졌단다. 설사 그가 그때 그 사건에서 무사했다
하더라도 아마 그 청년은 앞으로 순수한 사랑을 할 수 없었을 게다. 죽을
때까지 마음속에 상처 자국이 남아 있을 테니 맣이야.

크리스마스쯤에 그녀는 벌써 그에게 싫증을 느꼈단다. 그래서 그녀는 자신의 옛 연인들 중 한사람에게 되돌아갔지. 그렇지만 그로서는 어쩔 도리가 없었던 게야. 유령처럼 그녀의 꽁무니를 쫓아다니는 수밖엔 말이야. 괴로움에 지친 몸이 쇠약해지고, 해쓱해지고, 거무스름해졌지. 그의 이마에는 이미 죽음의 그림자가 서려 있었단다. 그는 그녀를 지독히도 사랑했어. 밤새도록 그녀의 창문 밑에 서 있었다고들 하더군.

그런데 어느 봄날, 연대에서 교외로 야유회인지 피크닉인지를 가게 됐단다. 나는 그녀와 그를 개인적으로 알았지만 그 사건에 대해선 잘 몰랐어. 항상 그렇듯 이번에도 거나한 술자리가 이어졌단다. 그리고선 밤에 철길을 따라 반대 방향으로 돌아오고 있었는데 갑자기 그들을 향해 화물열차가 달려오고 있었던 모양이야. 기적 소리를 울리며 꽤 가파른 언덕길을 따라서 매우 천천히 위를 향해 오고 있었다더군. 그런데 기관차의 등불들이 이제 막 일행과 나란히 되려고 할 때 그녀가 갑자기 소위보에게 귓속말을 했다는 거야. '당신은 나를 사랑한다고 늘 말했죠. 그렇지만 만일 내가 당신에게 기차로 뛰어들라고 시킨다면 당신은 아마 틀림없이 그렇게 하지 못할 거요.' 그런데 그는 한마디 대답도 없이 기차를 향해 달려들었다는구나. 사람들은 그가 분명 앞바퀴와 뒷바퀴 사이를 미리 계산했을 것이라고 말하더군. 소위보가 레일에 양손으로 매달렸을 때, 그의 두 손목이 잘려 나갔다고 하더군.

―"아아, 이렇게 끔찍할 수가!"

― 베라가 소리 높여 말했다.

-"소위보는 퇴역하게 되었단다. 떠날 때 친구들은 그에게 얼마간의 돈을 모아 주었어. 도시에 남아 있는 것이 그에겐 곤욕스러운 일이었겠지. 그녀와 연대 사람들에게 쏟아지는 지독한 비난을 차마 견딜 수 없었던 게지. 그 후 그는 폐인이 되고... 가장 비참한 모습으로... 거지같이 생활하다... 결국엔 뻬쩨르부르그 부두 어디에선가 얼어 죽었지.

반면, 두 번째는 너무도 가련한 경우였어. 이번 여자는 첫 번째 여자와 똑같았지만 젊고 아름다웠지. 그녀는 품행이 매우 좋지 않았어. 아무리 우리가 이 집안의 애정사를 가볍게 보아 넘긴다 하더라고 정말 혐오스럽기 짝이 없는 경우였단다. 그러나 남편은 꽤 좋은 사람이었어. 그는 모든 것을 알고 모든 것을 보고도 아무 말 하지 않았지. 친구들이 그에게 슬쩍 언질 해주었지만 그는 단지 손을 내저었을 뿐 이었어. '그만하시오, 그만하라고 하지 않았소... 난 상관없소... 레노치카가 행복하기만 하다면 난 그것으로 됐소!...' 그는 그 정도로 바보였단다.

결국 그녀는 그들 중대의 육군 중위 비쉬냐꼬프와 깊은 사이가 되었지. 두 남편을 두게 된 꼴이 됐어. 이것은 마치 가장 합법적인 부부 관계 같았지. 그런데 그때 우리 연대는 전쟁에 참전해야 했단다. 군인 부인들은 우리를 전송했고 그녀도 그렇게 했는데, 정말이지 보는 것조차 민망한 일이 벌어지고 말았지. 그녀가 형식적으로나마 남편을 한번 쳐다보면 좋을 법도 한데 그렇게 하지 않았어. 그렇지만 자신의 정부에 대해선 시들은 버들 나무에 꼭 달라붙어 있는 악마처럼 그의 꽁무니를 쫓아다니며 떨어지지 않았지. 우리는 이미 객실에 앉아 있었는데 기차가 움직이기 시작하자 그녀는 남편의 뒤에 대고 작별 인사랍시고 뻔뻔스럽게 이렇게 소리치더군. '불로쟈를 보호하는 것을 절대로 잊으면 안돼요! 만일 그에게 무슨 일이라도 생긴다면, 나는 당장 집을 나가 영원히 돌아오지 않을 거예요. 그리고 아이들도 데리고 가 버릴 거예요.'

너는 아마 이 육군 대위가 무기력한 남자 아닌가 하는 생각이 들게다. 우유부단한 사람인가, 침착하지 못한 사람인가 하는 생각도 들겠지. 그런데 조금도 그렇지 않단다. 그는 용감한 병사였어. 녹색산 아래에서 그는 여섯 번이나 자신의 중대를 이끌고 터키군 진지로 공격했을 정도였지. 결국 그의 수하에 있던 200명의 병사들 중 14명만이 살아남게 되었지만 말이다. 두 번 부상당한 그는 야전 응급 치료소로 후송되는 것을 거부했지. 그는 그런 사람이었단다. 그의 병사들은 그를 신처럼 경배하고 있었고 말이야.

그러나 그녀는 명령했어... 그의 레노치카가 그에게 말이야! 그래서 그는 꿀도 모으지 못하는 수벌 같은 비겁자이자 게으름뱅이인 비쉬냐꼬프를 돌봐 주었어. 유모처럼, 엄마처럼 말이다. 야영 중에 비를 맞으며 진흙탕 속에서 잘 때 그는 자신의 제복 외투로 그놈을 완전히 감싸주기도 했지. 그놈을 대신해 공병 일을 하러 가기도 하고, 밤마다 보초막들을 순찰하기도 하고 말이야. 반면 그놈은 움막에서 놀거나 도박을 했지. 그런데 터키 군사들이 야로슬라브출신 농부가 야채밭의 양배추 통을 잘라 내듯이 우리의 보초막들을 박살내고 있을 때도 그놈은 그런 식이었단다. 맹세컨대, 죄스러운 일이긴 하지만 비쉬냐꼬프가 육군 병원에서 티푸스로 사망했다는 소식을 듣고, 우리는 모두 기뻐했단다..."

-"음, 그럼 할아버지는 사랑했던 여자들이 있었나요?"

-"오, 물론이지, 베로치까. 내가 그 이야기까지 더 해줄게. 나는 모든 여성이 가장 고귀한 영웅주의적인 사랑을 할 수 있다고 확신한단다. 사랑에 빠져있는 여자에게 사랑은 생의 모든 의미를 함축하지, ─모든 우주를 말이다! 그러나 사람들에게 사랑이 그저 저속한 형태로 받아들여지고, 단순히 그냥 어떤 생활의 편의나 작은 위안 정도로 생각되는 것에 대해선, 여자에게 하등의 책임도 없단다. 모두 남자들 잘못인 게지. 오늘날의 스무 살이 된 남자들은 병아리 같은 몸매와 토끼 같은 마음을 가진 채 꿈도 없고 사나이다운 행동도 없고 그리고 열렬한 사랑도 할 줄 모르지. 옛날에는 남자들이 모두 그렇지 않았다고들 하지. 그렇지만 만일 예전에도 오늘날처럼 그랬더라면, 정말 그 당시의 가장 훌륭한 사람들─시인들, 소설가들, 음악가들, 화가들─이 이것에 관해 꿈을 꾸고 그리워하지 않았을까? 며칠 전 나는 마쉔까 레스꼬와 연인 데 그리에의 이야기를 읽었단다. 내가 눈물을 흘렸다는 것을 믿을 수 있겠니... 자, 솔직히 말해 보렴, 나의 귀여운 아가씨, 정말 모든 여자가 저마다 자신의 가슴 저 밑바닥에 그러한 사랑─모든 것을 바칠 준비가 되어있고, 겸허하고, 헌신적이며 아름다운 단 하나 뿐인 사랑─에 관해 꿈꾸고 있지 않니?"

-"오, 그렇죠, 물론 그래요, 할아버지..."

-"사랑이 없으면 여자들은 복수를 하지. 앞으로 30년 정도 흐르면... 나는 보지 못하겠지만, 너는 아마도 보게 될게다. 베로치까, 30대의 여성들은 우주에서 전례 없는 힘을 가지게 될 것이라는 나의 말을 기억해라.

그들은 마치 인도인의 우상들처럼 옷을 입을 거야. 그리고선 마치 멸시할 만한 굴종하는 노예들을 다루듯 남성들인 우리를 짓밟을 게다. 그들의 미치광이 같은 변덕스러움과 방자함은 우리에게 참을 수 없는 법칙이 되어 버릴게다. 그 모든 것 때문에 이전 세대의 남자는 사랑 앞에서 마음이 움직일 수도 경건한 태도를 취할 수도 없단다. 이것이 바로 복수란다. 너도 '작용의 힘은 반작용의 힘에 비례한다'는 물리학의 법칙을 잘 알게다.

그는 잠시 말을 멈추었다가 갑자기 다시 말문을 열었다.

- "베로치까, 네가 곤란하지 않다면, 오늘 바실리 공작이 이야기했던 전신수와의 일에 대해 나에게 말해 줄 수 있겠니? 아까 그가 하던 말 중에서 진실은 무엇이고, 거짓은 무엇이냐?"

- "정말 듣고 싶으세요, 할아버지?"

- "네가 원하는 대로 해라. 베라, 만약 네가 편치 않다면..."

- "조금도 그렇지 않아요. 기꺼이 말씀드릴게요."

그녀는 사령관에게 자신이 결혼하기 2년 전부터 지금까지 늘 따라 다니는 어떤 미치광이에 관해 매우 상세하게 이야기했다.

그녀는 그를 단 한번도 본적 없고, 그의 성도 모르고 있었다. 그는 그녀에게 보낸 편지에 단지 Γ. C. Ж. 라고만 서명했을 뿐이었다. 어느 날 그는 어떤 정부 기관의 말단 관리로 근무하고 있다고만 했다. 그는 전신국에 대해선 한마디도 언급하지 않았다. 확실히 그가 끊임없이 그녀를 지켜보고 있었던 것만은 분명하다. 자신의 편지에 그녀가 저녁 시간에 어떤 모임에 갔었으며, 어떻게 옷을 입고 있었는지에 관해 매우 정확하게 적혀 있었으니까. 처음에 그의 열렬한 편지들은 완전히 순수한 것이라 할지라도 진부하고 우스꽝스럽기 짝이 없었다. 그러나 언젠가 베라는 그에게 더 이상 사랑의 고백으로 자신을 괴롭히지 말아 달라고 답장을 보냈다. 그때부터 그는 더 이상 사랑에 관해선 일체 언급하지 않은 채 다만 가끔씩 편지를 보내올 뿐 이었다: 그리스도 부활제, 새해, 그리고 그녀의 생일 때에. 베라 공작부인은 오늘 받은 소포에 대해서도 이야기하고 심지어 불가사의한 자신의 숭배자의 이상한 편지 내용을 매우 소상히 전했다...

- "그렇구나."

- 마침내 장군은 말을 길게 늘이며 입을 열었다.

- "어쩌면 그 사람은 정신이 돈 미치광이일지도 모르겠구나. 그렇지만 베로치까, 누가 알겠느냐? 어쩌면 여자들이 꿈꾸는 바로 그런 사랑이 지금 너의 인생길을 지나가고 있는 것인지. 잠깐만. 앞에 불빛이 움직이고 있는 것이 보이지? 아마 나의 마차 일게다."

바로 그 순간 뒤에서 자동차 경적소리가 들려왔고, 바퀴들로 마구 파헤쳐진 길이 전조등 때문에 하얗게 빛났다. 구스따프 이바노비치가 당도한 것이었다.

- "안노치까, 내가 당신의 물건을 갖고 왔어요. 타세요."

- 그가 말했다.

- "장군님, 제가 당신을 바래다 드려도 되겠습니까?"

-"고맙지만 사양하겠네, 젊은 양반."

-장군이 대답했다.

-"이런 자동차는 정말 나하곤 맞지 않네. 덜컹거리고 악취가 나서 왠지 불쾌해지거든. 자, 잘 있어라, 베로치까. 내가 가끔 들리도록 하지."

-그가 베라의 이마와 손등에 키스를 하면서 말했다.

모두 헤어졌다. 프리예세는 베라 니꼴라예브나를 대문 앞까지 바래다 주고, 차를 재빨리 돌려 윙윙거리고 연기를 내뿜으며 어둠 속으로 사라졌다.

IX

베라 공작부인은 유쾌하지 않은 기분으로 테라스를 올라가서 집으로 들어갔다. 남동생 니꼴라이의 커다란 목소리가 멀리서부터 들려 왔고, 그녀는 이리저리 빠르게 왔다 갔다 하는 크고 마른 체격의 그를 보게 되었다. 바실리 리보비치는 카드놀이용 탁자에 앉아서 자신의 짧게 깎은 커다란 금발 머리를 아래로 떨 군 채 푸른 양복지 위에 백묵으로 무엇인가를 그리고 있었다.

-"내가 벌써 오래 전부터 그렇게 하라고 했죠!"

-흥분한 니꼴라이는 마치 오른손으로 보이지 않는 무거운 물건을 바

닥에 집어던지는 듯한 몸짓을 하며 말하고 있었다.

－"내가 이 바보 같은 편지들을 그만 오게 하라고 전부터 말했잖아요.
두 사람이 결혼하기 전에 베라와 그 편지들의 우스꽝스러운 내용을 보면
서 아이들처럼 마냥 즐거워하는 것을 보며 내가 말했잖아요... 아, 때맞쳐
오는 군... 베로치까, 우리는 지금 바실리 리보비치와 누나의 그 미치광이
'뻬－뻬－줴'에 대해 이야기하고 있었어. 내가 이런 뻔뻔하고 저속한 편
지를 주고 받는 그 놈을 찾아 내겠어"

－"편지를 주고받은 일은 전혀 없었네."

－셰인이 냉담하게 저지했다.

－"그가 일방적으로 보낸 것뿐이지..."

이 말에 베라는 얼굴을 붉히며 커다란 종려나무 그늘 아래의 안락의
자에 앉았다.

－"심했다면 미안합니다."

－니꼴라이 니꼴라이비치는 마치 가슴팍에서 보이지 않는 무거운 물건
을 꺼내 바닥에 내던지는 듯한 몸짓을 취했다.

－"나는 네가 왜 자꾸 그를 내게 갖다 붙이는지 모르겠어."

－남편의 지지로 힘을 얻은 베라가 끼어 들었다.

－"너는 왜 자꾸 그를 '나의 그'라고 말하니..."

-"알았어, 다시 한번 미안해, 그렇지만 난 더 이상 그 놈의 바보짓을 참을 수 없어. 그놈을 외국으로 보내버려야 하는 시점에 농담이나 하고 우스운 삽화 따위나 그리고 있을 때가 아니란 말이야... 내가 지금 이렇게 흥분하고 간섭하는 것은 다 베라 누나와 매형의 명예를 지키기 위해서야."

-"음, 근데 자넨 너무 지나친 것 같아, 꼴랴."

- 셰인이 반박했다.

-"어쩌면 그럴지도 모르죠... 그렇지만 자칫하면 매형이 우스워질 수 있다는 걸 좀 아세요."

-"어떤 방법으로 해결해야 할지 모르겠군."

- 공작이 말했다.

-"이 바보 같은 팔찌에 대해 생각 좀 해봐요... 탁자에서 붉은 케이스를 들어올리던 니꼴라이는 혐오스럽다는 듯 다시 그것을 내던져 버렸다. -"그 이상한 놈의 물건을 그냥 놓아두던지, 아님 그것을 내다버리든지, 아니면 다샤에게 줘 버려요. 그런데 첫 번째처럼 하면, 뻬뻬제는 베라 니꼴라예브나 셰인 공작부인이 자신의 선물을 받았다고 자신의 아는 사람이나 친구들에게 떠벌릴 테고, 두 번째처럼 하면, 처음의 경우처럼 앞으로도 그런 헌신적 행위들을 계속하라는, 즉 그를 격려하는 꼴이 돼 버리죠. 그는 내일은 반지를 모래는 목걸이를 보내올 것이고, 그 후엔 아마 공금 횡령 혹은 사기 혐의로 피고석에 앉게 될 것이며, 셰인 공작은 증인으로 소환되겠죠... 참 웃기는 상황이네!"

-"아니, 아닐세, 팔찌는 꼭 다시 되돌려 보내야만 해!"

-바실리 리보비치가 소리 높여 말했다.

-"저도 그렇게 생각해요."

-베라가 동의했다.

-"가능한 빨리! 그런데 이것을 어떻게 돌려보내죠? 우리는 정말 그의 이름도 성도 주소도 모르잖아요."

-"참나, 쓸데없는 걱정을 하긴!"

-니꼴라이 니꼴라예비치가 냉담하게 반박했다.

-"우리는 이 '뻬뻬줴'란 앞 글자를 알고 있잖아... 그를 정확히 어떻게 부르지?"

-"게. 에스. 줴"

-"좋아. 그것 말고도 우리는 그가 어디에서 근무했는지도 알잖아. 그 것만으로도 충분해. 내일 내가 도시 지도를 가지고 그런 이니셜로 근무하는 관리나 공무원을 찾아 내겠어. 혹시라도 내가 그를 찾지 못하면 바로 경찰의 수사 요원을 동원하여 그를 찾아내도록 할 거야. 수사의 어려움이 생기더라도 내 손에 그의 필체가 적힌 바로 이 종이가 있잖아. 한 마디로, 내일 낮 2시경이면 나는 그 놈의 주소와 성 그리고 그가 집에 있을 시간 까지 정확히 알 수 있다는 거야. 이것을 알고 난 다음 우리는 내일 그에게

그의 물건을 되돌려 줄뿐만 아니라 이제 더 이상 그 자신의 존재를 우리에게 상기시키지 않도록 적당한 조치를 취해야 해."

-"어떤 조치를 취할 생각인가?"

-바실리 공작이 물었다.

-"어떻게 하냐구요? 현지사를 찾아가 부탁을…"

-"안되네, 현지사는 찾아가지 말게. 자네도 알다시피, 그러니까 우리 관계를 잘 알지 않나… 그가 알게 되면 우린 아마 우스운 꼴이 되고 말겠세."

-"그게 무슨 상관이에요. 그럼 헌병 대장에게 가겠어요. 그는 나의 클럽 친구죠. 그가 이 로미오를 끌고 와 바로 눈앞에서 집게손가락으로 위협하도록 내버려 둘 거예요. 그는 원래 어떻게 하는지 아세요? 얼굴 앞에 자신의 손가락을 들이대고 손은 전혀 움직이지 않고 단지 손가락 하나만 까딱까딱 움직이면서 위협적으로 소리치죠. '나는 말이야, 정말이지 차-참-참을 수 없어!'라고요.

-"뭐라고! 헌병들을 통해서?"

-베라가 얼굴을 찌푸렸다.

-"맞아, 베라."

-공작이 맞받았다.

-"이일엔 그 어떤 외부인도 끌어들이지 않는 것이 좋아. 소문이나 유언비어들이 나돌게 뻔하거든... 우리 모두는 이 도시를 너무나도 잘 알고 있지. 모두들 꼭 유리 통속에 살고 있는 것 같단 말이야... 내가 직접 이 젊은 이를 찾아가는 것이 더 낫겠어. 아니지, 어쩌면 한 60세의 노인일 지도 모르잖아?.. 그에게 팔찌를 넘겨주고, 적당하게 엄격한 훈계를 해야겠어."

-"그때 나도 함께 가겠어요."

-니꼴라이 니꼴라예비치가 재빨리 그의 말을 가로막았다.

-"매형은 너무 온순한 게 탈 이예요. 그와 이야기하는 것은 나한테 맡겨요... 그런데, 지금 나의 친구들이..." - 그는 회중시계를 꺼내 들여다보았다. - "미안한데, 사무실에 좀 잠시 다녀와야겠어요. 너무 피곤해서 겨우 걸을 수 있을 것 같네요. 처리해야 할 일이 두 가지나 있는데."

-"나는 웬일인지 그 미치광이가 가련하단 생각이 드네요."

-베라는 머뭇거리면서 말했다.

-"그놈에게 동정 따윈 필요 없어!"

-문가에서 뒤돌아보면서 니꼴라이가 신랄하게 쏘아붙였다.

-"만일 팔찌와 편지 같은 그런 당돌한 행위를 우리 클럽 회원이 했다면, 바실리 공작이 그에게 소환장을 보냈을 거야. 만일 그가 하지 않았다면 그땐 내가 했겠지. 그런데 예전 같았으면 정말이지 나는 그를 마구간으로 끌고 가 태형에 처하라고 시켰을 거야. 매형, 내일 전화할 테니까 사

무싙에서 기다려요."

X

침으로 더럽혀진 계단에는 쥐와 고양이들이 돌아다녔고, 등유와 세탁물 냄새가 진동하고 있었다. 6층 앞에서 바실리 리보비치 공작이 멈춰섰다.

－"잠시만 기다리게."

－그가 처남에게 말했다.

－"심호흡 좀 해야겠어. 꼴랴, 자녠 정말 이 읠에 끼어들지 않았으면 좋겠는데..."

그들은 두 계단을 더 올라갔다. 층계참은 너무 어두워 니콜라이 니꼴라예비치가 두 번 이상이나 성냥에 불을 붙여 아파트 호수를 살펴봐야 할 정도였다.

초인종을 누르자 회색 눈에 안경을 낀 흰머리의 노부인이 문을 활짝 열어주었는데, 병 때문인지 몸이 앞으로 약간 구부러져 있었다.

－"제또꼬프씨가 집에 계십니까?"

－니꼴라이 니꼴라예비치가 물었다.

놀란 노부인은 이 사람 저사람 쳐다보다가 두리번거리기 시작했다. 그렇지만 곧 두 사람의 고상한 외관이 그녀를 안심시켜 주었다.

－"집에 있습니다, 들어오세요."

－그녀가 문을 열면서 말했다.

－"왼쪽 첫 번째 방입니다."

뚜가놉스끼가 짧고 단호하게 세 번 노크했다. 안에서 어떤 인기척이 느껴졌다. 그는 다시 한번 노크했다.

－"들어오세요."

－기운 없는 목소리가 들려왔다.

방은 매우 낮았으나 넓고 길었으며, 거의 사각형에 가까웠다. 2개의 원형 창문은 꼭 기선의 창문 같았으며, 그것은 방을 간신히 밝게 해주고 있었다. 정말 모든 것이 군함 내의 장교 집회실과 유사했다. 한쪽 면엔 좁은 침대가, 그리고 다른 쪽 면엔 낡고 아름다운 뚜르멘족의 융단으로 덮인 매우 크고 넓은 소파가 있었고, 가운데에는 소러시아식 식탁보로 덮인 탁자가 놓여있었다.

처음에는 방주인의 얼굴이 보이지 않았다. 그는 등불을 뒤로하고 선 채 당황해 하며 손을 비비고 있었다. 그는 큰 키에 길고 더부룩한 연한 색의 머리칼을 지닌 피골이 상접한 사나이였다.

－"실례지만, 젤뜨꼬프씨가 맞소?"

－니꼴라이 니꼴라예비치가 거만하게 물었다.

－"제가 젤뜨꼬프입니다. 매우 반갑습니다. 그런데 누구신지요."

그는 손을 내밀면서 뚜가노브스끼 쪽으로 두 걸음 다가섰다. 그러나 그때 그의 인사를 깨닫지 못한 듯 니꼴라이 니꼴라예비치는 셰인 쪽으로 몸을 완전히 돌렸다.

-"우리가 실수하지 않을 것이라고 내가 말했죠."

신경이 곤두선 젤뜨꼬프의 가느다란 손가락들은 단추를 채웠다 풀었다 하면서 갈색의 짧은 신사복의 옷깃을 따라 이리저리 떨리기 시작했다. 마침에 그는 소파를 가리키며 겸연쩍은 듯 겨우 말했다.

-"좀 앉으세요."

이제야 그의 모습이 확연히 드러났다. 연약한 여자처럼 매우 창백한 얼굴에 푸른빛 눈과 가운데 보조개가 있는 고집 센 어린아이 같은 턱을 지니고 있었다. 나이는 한 30세에서 35세정도 되어 보였다.

-"감사합니다."

-셰인 공작이 그를 매우 찬찬히 살펴보면서 간단히 대답했다.

-"고맙소."

-니꼴라이 니꼴라예비치도 짧게 대답했다. 그리고 두 사람은 계속 서 있었다.

-"몇 분만 좀 시간을 내주시오. 이분은 바실리 리보비치 셰인 공작이 시오. 나의 성은 미르자 블라뜨 뚜가놉스끼고요. 나는 검사보요. 우리가 당신과 이야기하게 될 영광을 가지게 된 일은 공작과 나, 아니 보다 정확히 말하면 공작부인이자 나의 누이에 관해 같이 해야 할 말이 있어서요."

완전히 어찌할 바를 모르게 된 젤뜨꼬프는 갑자기 소파에 털썩 주저 앉아 파리해진 입술로 얼마간 계속 중얼거렸다. '신사분들, 좀 앉으세요.' 그러나 좀 전에 이미 제안했던 것이 헛수고였음을 생각해 내고선 벌떡 일어나 머리를 잡아당기며 창 쪽으로 다가갔다가 다시 이전의 장소로 되돌아왔다. 그리고는 다시 떨리는 그의 손이 안절부절 못하며 단추를 잡아 뜯고 밝은 빛의 불그스레한 콧수염을 잡아당기며 쓸데없이 이리저리 얼굴을 만지작거리고 있었다.

－"나으리, 뭐든지 말씀하십시오."

－그는 간청하는 눈길로 바실리 리보비치를 바라보면서 매우 조용히 말했다.

그러나 셰인은 아무 말도 하지 않았다. 니꼴라이 니꼴라예비치가 입을 열었다.

－"우선 당신에게 당신의 물건을 되돌려 주겠소."

－그는 호주머니에서 붉은 케이스를 꺼내 차분히 그것을 탁자에 내려 놓았다.

－"물론, 팔찌를 보는 당신의 안목이야 높이 사겠지만 우리로선 더 이상 그런 뜻밖의 선물들이 되풀이되지 않길 바라는 바요."

－"죄송합니다... 무례했다는 것을 제 자신도 잘 압니다."

－눈을 아래로 내리깔고 얼굴을 붉히면서 젤뜨꼬프는 기어 들어가는 목소리로 말했다.

- "괜찮으시면, 차라도 한 잔 하시겠습니까?"

- "젤뜨꼬프씨, 아시겠소?"

- 니꼴라이 니꼴라예비치는 마치 젤뜨꼬프의 마지막 말을 듣지 못한 것처럼 계속 말을 이어갔다.

- "나는 첫마디에서부터 당신이 점잖고 신사적인 사람이란 걸 알고 매우 기뻤소. 그래서 나는 우리가 즉시 많이 잘 통할 것이라 생각하오. 내가 알기론, 당신이 베라 니꼴라예브나 공작부인을 7-8년 가까이 따라다닌 걸로 알고 있는데, 맞소?"

- "예, 그렇습니다."

- 젤뜨꼬프는 조용히 대답하며 속눈썹을 조용히 내리깔았다.

- "그런데 우리는 지금까지 당신에 대한 그 어떤 조치도 취하지 않았소. 인정하시오. 우리는 그렇게 할 수도 있었고, 또 그렇게 했어야만 했다는 것까지도 말이오. 그렇지 않소?"

- "예."

- "그렇소. 그러나 당신의 마지막 행위, 바로 이 석류석 팔찌를 보낸 일은 우리 인내의 한계를 벗어나게 한 것이었소. 이해하시겠소? 숨기지 않고 솔직하게 말하겠소. 처음에 우리는 경찰의 도움을 받으려 했소. 그러나 우리는 그렇게 하지 않았소. 그렇게 하지 않은 걸 매우 기쁘게 생각하오.

왜냐하면, 다시 한번 말하지만 처음 본 순간 당신이 고결한 사람이란 걸 짐작했기 때문이오."

- "실례입니다만, 방금 뭐라고 말씀하셨습니까?"

- 갑자기 신중하게 물으며 젤뜨꼬프가 크게 웃어대기 시작했다.

- "경찰의 힘을 빌리려 했다고요? 방금 그렇게 말씀하신 겁니까?"

소파의 구석에 편히 앉아있던 그는 호주머니에서 담배케이스와 성냥을 꺼내 담배를 피우기 시작했다.

- "그러니까 당신들은 경찰을 동원하려 했단 말입니까? 공작나리, 제가 좀 앉아 있어도 되죠?"

- 그는 세인 쪽으로 방향을 바꿨다.

- "그러면, 그 다음은요?"

공작은 의자를 식탁 쪽으로 끌어당겨 앉았다. 그는 꼼짝하지 않은 채 난감해하면서 강렬하고도 진지한 호기심으로 이 기묘한 사내의 얼굴을 바라보았다.

- "이보시오, 아시겠소, 당신에게 그런 일이 일어날 일은 결코 없을 거요."

- 니꼴라이 니꼴라예비치는 약간 불손하게 계속 말을 이었다.

- "당신이 남의 가정에 끼어드는 것은..."

- "실례합니다, 용서하십시오, 제가 당신의 말을 가로막았군요..."

-"아니요. 실례지만, 지금은 내가 당신의 말을 가로막았소..."

- 검사보는 거의 외치다시피 말했다.

-"편하실 대로 말씀하십시오, 저는 듣고 있겠습니다. 그러나 저는 바실리 리보비치 공작께 드릴 말씀이 좀 있습니다".

그리고 그는 더 이상 뚜가노브스끼의 눈치를 보지 않으면서 말했다.

-"지금은 저의 인생에서 가장 고통스러운 순간입니다. 그런데 저는, 공작님, 당신에게 허심탄회하게 이야기하고 싶습니다... 제 이야기를 끝까지 들어주실 수 있습니까?"

-"그렇게 하겠소."

- 셰인이 말했다.

-"꼴랴, 자넨 좀 가만히 있게."

- 그는 뚜가놉스끼의 격노한 몸짓에 주의를 주면서 초조하게 말했다.

-"말해 보시오."

젤뜨꼬프는 갑자기 낭떠러지에서 굴러 떨어진 것처럼 헐떡이면서, 몇 초간 입으로 공기를 들이마시고 있었다. 그는 단지 턱으로만 말하고 있었고, 그의 파리해진 입술은 마치 죽은 사람처럼 움직이지 않았다.

-"제가 당신의 부인을 사랑한다고... 말한다는 것은... 그건 정말 어려운 일입니다. 그러나 가망이 없었지만 그래도 귀중한 7년의 사랑은 나에

게 이것에 대해 말할 수 있는 자격을 부여하고 있습니다. 저는 베라 니꼴
라예브나가 더 어렸을 때 처음으로 그녀에게 바보 같은 편지를 보내고,
심지어 그녀의 답장을 기다리기까지 했다는 사실을 인정합니다. 저는 저
의 마지막 행위, 즉 팔찌를 보낸 일이 더 없이 바보 같은 짓이었다는 것
또한 인정합니다. 그러나... 지금 제가 당신의 얼굴을 직접 맞대고 나니,
당신이 저를 이해하고 계시다는 것이 느껴집니다. 저는 그녀에 대한 사랑
이 결코 식을 수 없다는 것을 잘 압니다... 말씀하십시오, 공작님... 당신이
혹시라도 불쾌하시다면... 말씀하십시오. 당신은 저의 이런 감정을 멈추게
하기 위해 어떻게 하실 겁니까? 니꼴라이 니꼴라예비치씨가 말씀하셨던
것처럼, 저를 다른 도시로 추방하실 겁니까? 어떻게 하시든 상관없습니다
만, 그곳에 간다 해도 저는 여기서처럼 똑같이 그녀를 사랑할 것입니다.
저를 감옥에 쳐 넣으실 겁니까? 그러나 거기서도 저는 저의 존재를 그녀
에게 알릴 수 있는 방도를 모색할 것입니다. 단지 한 가지 방법이 남아 있
기 합니다. 그것은 바로 죽음입니다... 당신이 원하신다면 어떤 방법으로
든 죽을 수 있습니다."

－"우리가 무슨 시 낭송이나 들으러 온 것 같군."

－니꼴라이 니꼴라예비치가 모자를 쓰면서 말했다.

－"문제는 매우 간단합니다. 당신은 두 가지 중 한 가지를 선택하면 되
는 거요. 베라 니꼴라예브나 공작부인을 따라다니는 것을 완전히 포기하
던지, 만일 그렇게 할 수 없다면 우리의 입장으로선 친지들을 동원하여
모종의 조치를 취하는 수밖에 없소."

그러나 젤뜨꼬프는 그의 말을 들었음에도 그를 쳐다보지 않았다. 그는 바실리 리보비치 공작을 향해 물었다.

- "제가 10분간 잠시 자리를 비워도 괜찮겠습니까? 거짓말하는 것이 아니라 베라 니꼴라예브나 공작부인과 전화 통화 좀 할까 해서요. 당신께 꼭 모든 통화 내용을 전하겠습니다."

- "그렇게 하시오."

- 셰인이 말했다.

바실리 리보비치와 뚜가놉스끼 둘이 남게 되자, 니꼴라이 니꼴라예비치는 즉시 자신의 매형을 꾸짖었다.

- "그렇게 하면 안 되잖아요."

- 그는 오른손으로 가슴팍에서 어떤 보이지 않는 물건을 꺼내 땅에 내던지는 몸짓을 취하면서 소리쳤다.

- "정말 그렇게 하면 안 된다고요. 대화의 모든 실제적인 부분은 내가 다 알아서 한다고 미리 말했었잖아요. 그런데 매형은 맥이 탁 빠져 버려 가지곤, 그가 자신의 감정을 장황하게 늘어놓도록 하고 있잖아요. 나라면 한방에 끝장을 냈을 텐데 말이에요."

- "좀 기다려 보게."

- 바실리 리보비치 공작이 말했다.

- "곧 모든 것이 다 밝혀질 테니. 중요한 것은 그의 얼굴을 보았을 때,

나는 이 사람이 고의로 속이거나 거짓말할 사람이 아니란 걸 느꼈네. 그리고 솔직히 잘 생각해 보게. 꿀랴, 과연 그가 사랑에 빠진 것이 죄악일까? 그리고 과연 사랑과 같은 그런 감정을 억누를 수 있을까? 지금까지 그 누구에게도 느낄 수 없었던 그런 감정 말일세."

－공작은 곰곰이 생각하면서 말했다.

－"나는 이 사람이 가엾네. 게다가 그에게서 나는 영혼의 어떤 거대한 비극을 느꼈다네. 나는 지금 농담하는 것이 아니네."

－"이건 퇴폐적 경향이에요."

－니꼴라이 니꼴라예비치가 말했다.

10분 뒤 젤뜨꼬프가 돌아왔다. 마치 흐르지 않은 눈물로 가득 채워진 것처럼 쑥 들어간 그의 눈은 반짝이고 있었다. 그리고 그는 아예 에티켓에 대해 완전히 잊어버린 사람처럼 자기가 앉아야 하는 것도 잊고 신사처럼 행동하는 것도 잊어버린 듯했다. 세인공작은 예리하게 이것을 눈치챘다.

－"저는 준비되었습니다."

－그는 말했다.

－"그리고 내일부터 당신은 저에 대해 어떤 이야기도 듣지 못하실 것입니다. 저는 당신을 위해 죽은 것처럼 조용히 살겠습니다. 그러나 한 가지 조건이 있습니다. 저는 이것을 비실리 리보비치 공작, 당신에게 말하겠습니다. 알다시피, 저는 국가재산을 횡령했고, 그 때문에 무슨 일이 있어도

이 도시에서 도주해야만 합니다. 제가 베라 니꼴라이 공작부인께 마지막
으로 한번만 더 편지를 쓸 수 있도록 허용해 주시면 안 되겠습니까?"

－"안되오, 끝났으면 끝난 거요. 절대로 그럴 수 없소."

－니꼴라이 니꼴라예비치가 소리쳤다.

－"좋소, 그렇게 하시오."

－셰인이 말했다.

－"이제 됐습니다."

－당당하게 미소 지으면서 젤뜨꼬프가 말했다.

－"당신이 더 이상 저에 관해 들으실 일이 없을 것은 물론이거니와 어
디에서도 더 이상 저와 마주치는 일 또한 없을 것입니다. 베라 니꼴라예
브나 공작부인은 저와의 통화를 전혀 원하지 않으셨습니다. 제가 면전에
서가 아니라 가끔이나마 그녀를 볼 수 있도록 도시에 머물러도 되겠느냐
고 물어 보았을 때, 그녀는 이렇게 대답했습니다. '아, 내가 이 모든 일에
싫증났다는 것을 당신이 아셨으면 좋겠네요. 제발, 될 수 있는 한 빨리 이
런 것을 그만둬주세요' 그래서 이제 저는 이 모든 일을 그만두려고 합니
다. 제가 할 수 있는 모든 것을 다 했다고 생각되지 않습니까?"

저녁에 별장에 당도한 바실리 리보비치는 부인에게 젤뜨꼬프와의 만남
을 매우 상세하게 전했다. 그는 자신이 이것을 말해야만 한다고 느끼고
있는 것 같았다.

베라는 놀랄 일임에도 불구하고 전혀 놀라지도 당황하지도 않았다. 밤

에 남편이 침대에 누운 그녀 곁으로 다가갔을 때 그녀는 갑자기 벽 쪽
으로 돌아누우며 그에게 말했다.

-"저 좀 내버려두세요."

-저는 그 사람이 자기 자신을 버릴 것이라는 것을 알고 있어요.

XI

베라 공작부인은 신문을 잘 읽지 않았다. 왜냐하면, 첫째로 그것은 그
녀의 손을 더럽혔고, 둘째로 그녀는 항상 신문 용어들을 충분히 이해할
수 없었기 때문이다.

그러나 운명은 다음날 그녀가 신문 전단지를 펼쳐서 그 아래에 있는
다음과 같은 기사문을 발견하게 하였다.

<수수께끼 같은 죽음. 어제 저녁 7시경, 전신국의 관리 Г. С. 젤
뜨꼬프가 자살로 생을 마감했다. 사건의 정황으로 판단하건데, 고
인의 죽음은 국고 횡령 때문인 것으로 추정된다. 자살자의 유서
에 그렇게 써 있었다. 목격자들의 진술에 따라 이와 같은 행동에
대한 그의 개인적 의지가 확인된 바, 부검 절차는 거치지 않기로
했다.>

베라는 마음속으로 이렇게 생각했다.

'어떻게 내가 이것을 예감했을까? 도대체 이런 비극을 어떻게 느낄 수 있었을까? 그리고 이것은 무엇이었는가. 사랑인가 아니면 광기인가?'

하루종일 그녀는 화원과 과수원을 따라 거닐고 있었다. 끊이지 않고 계속되는 불안감 때문에 그녀는 자리에 앉아 있을 수 없었다. 그리고 그녀의 모든 신경들은 얼굴 한번 본 적 없고 아마 앞으로도 영원히 볼 수 없는 이 불가사의하고도 우스꽝스런 '뻬-뻬-줴'에게 온통 쏠려 있었다.

'어찌 알겠니. 어쩌면 눈앞에 있는 이 헌신적이고도 진실한 사랑이 너의 인생길을 지나가고 있을지.'

─ 아노소프의 이 말이 그녀에게 떠올랐다.

6시에 우체부가 왔다. 이번에도 젤뜨꼬프의 필체를 알아본 베라 니꼴라예브나는 곧바로 편지를 온화하게 개봉했다.

젤뜨꼬프는 이렇게 썼다.

<저는 죄가 없습니다, 베라 니꼴라예브나. 당신을 사랑할 수 있는 거대한 행복을 주신 하느님께 감사할 따름입니다. 삶에서 그 어떠한 것도 저의 관심을 끌 수는 없었습니다. 정치학도, 과학도, 철학도, 인간의 미래 행복에 대한 어떠한 바람도 말입니다. 저와 관련된 모든 삶은 오직 당신에게 속해 있습니다. 저는 지금 어떤 불편한 쐐기가 당신의 삶에 깊이 박혀 있다는 것을 느끼고 있습니다. 부디 당신의 인생에 끼어 든 저를 용서해 주십시오. 오늘 저는 떠날 것이고, 다시는 돌아오지 않을 것입니다. 그리고 당신

에겐 저에 관한 그 어떠한 것도 기억되지 않을 것입니다.

저는 당신이 존재한다는 것만으로도 당신께 끝없이 감사드립니다. 저는 확인했습니다. 이것은 병도 아니고 망상에 사로잡힌 이데아도 아닌—이것은 사랑입니다. 이것은 하느님이 제게 내리신 상입니다.

제가 당신의 눈에 그리고 당신의 남동생인 니꼴라이 니꼴라예비치의 눈에 우스꽝스럽게 비춰졌다 하더라도 좋습니다. 떠나면서 저는 기쁘게 말할 것입니다. '당신의 이름이 거룩히 여김을 받으소서.'

8년 전 서커스장의 특별석에 앉아 계신 당신을 처음 본 바로 그 순간 저는 마음속으로 말했습니다. '나는 그녀를 사랑하고 있어. 세상에서 그녀를 닮은 것은 하나도 없고, 그 어떤 동물도, 식물도, 별도, 사람도 그녀보다 더 아름답고 온화할 수 없어. 지구상의 모든 아름다움이 마치 그녀에게 구현된 것 같아...'

생각 좀 해보세요, 제가 어떻게 했어야 합니까? 다른 도시로 떠나야 했을까요? 그래도 마음은 항상 당신 곁에, 당신의 발아래 있었고, 매순간 당신으로, 당신에 대한 생각으로, 당신에 대한 꿈으로... 달콤한 잠꼬대로 꽉 차 있었습니다. 부끄럽기 짝이 없는 저는 바보 같은 팔찌에 대해서도 몸 둘 바를 모르겠습니다. 그렇지만, 이제 어쩌겠습니까? 실수는 이미 해버린걸요. 그것이 당신의 손님들에게 어떤 인상을 주었을지 짐작이 갑니다.

10분 후 저는 떠날 것입니다. 저는 이 편지를 다른 누군가에게 부탁하고 싶지 않기에 풀로 우표를 붙이고, 편지를 우편함에 넣을 것입니다. 당신은 이 편지를 모두 불태우십시오. 저는 바로 지금 난로에 불을 지피고, 제 인생에서 가장 소중했던 모든 것을 태우고 있습니다. 제가 훔쳤던 당신의 숄을 태웁니다. 당신은 그 것을 귀족 무도회의 의자에 놓은 채 잊어 버리셨더군요. 당신의 메모지도 태웁니다. 오, 나는 그것에 키스를 했었죠. 더 이상 편 지를 보내지 말라고 답장하셨던 것 말입니다. 그리고 어느 날 당 신이 손에 들고 계시다가 출구 앞의 의자에 놓고 잊어버리신 예 술 전람회의 팜플렛 또한... 이것이 전부입니다. 저는 모든 것을 없애 버렸지만, 그래도 역시 당신에 대한 생각을 떨칠 수 없고, 심지어 당신이 저를 기억해 주실 거란 확신까지 듭니다. 만일 당 신이 제가 생각나신다면, 그렇다면... 저는 베토벤의 연주회에서 당신을 자주 뵈었기에 당신이 음악 애호가란 사실을 알고 있습니 다. 그래서 말인데, 만일 제가 생각나신다면, 소나타 **D-dur No 2, op.2.**를 연주하시거나 연주를 부탁해 들어주시기 바랍니다. 어떻게 편지를 끝맺어야 할지 잘 모르겠습니다. 당신은 제 생의 유일한 기쁨이자 위안이요 단 하나의 신념이었다는 것에 관해 당 신에게 깊이 감사드리는 바입니다. 원컨대, 당신에게 행복이 깃들 고 그 어떤 덧없고 세속적인 것이 당신의 아름다운 영혼을 괴롭 히지 않길 바랍니다. 당신의 손에 키스를 보내며. Γ. C. Ж >

그녀는 눈물로 충혈된 눈과 부어오른 입술로 남편에게 다가가 편지를 보여주며 말했다.

-"저는 당신에게 아무 것도 숨기고 싶지 않아요. 그러나 저는 뭔가 불

깃한 것이 우리의 삶에 끼어 든 것 같은 느낌이 들어요. 아마도 당신과 니꼴라이 니꼴라예비치가 쓸데없는 일을 저지른 것 같아요."

셰인 공작은 주의 깊게 편지를 읽고 나서 차분히 그것을 내려놓았다. 그리고 오랫동안 아무 말도 하지 않다가 입을 열었다 :

-"나는 이 사람의 진심을 의심하지 않아. 그리고 더 나아가 당신에 대한 그의 감정도 정확히 모르겠어."

-"그는 죽었나요?"

-베라가 물어보았다.

-"그래, 죽었어. 그는 당신을 사랑했고, 결코 미치광이가 아니었어. 나는 그에게서 눈을 떼지 않고 보았어. 매 순간마다 그의 행동 하나 하나, 얼굴의 변화 하나 하나를 말이야. 그리고는 그에게 당신 없는 삶이란 무의미한 것이란 걸 느낄 수 있었어. 나는 그의 참을 수 없는 거대한 고통을 느꼈고, 심지어 마치 내 앞에 죽은 사람이 서 있는 것만 같더라고. 이해하겠어, 베라? 나는 대체 어떻게 해야 할지, 내가 무엇을 해야 할지 알 수 없었다는 걸 말이야..."

-"저기, 바셴까."

-베라 니꼴라예브나가 그의 말을 가로막았다.

-"제가 도시로 가서 그를 좀 보고와도 괜찮은가요?"

-"그래, 괜찮아, 베라. 그렇게 하도록 해. 나도 직접 가보고 싶지만 니

꼴라이가 알면 모든 일을 그르치게 될 꺼야. 게다가 나의 진심 어린 행동
이 가식적으로 비칠까 봐도 걱정되고 말이야."

XII

베라 니꼴라예브나는 류쩨란스끼 거리 두 구역 전에 자신의 마차를
세워 두었다. 그녀는 아주 쉽사리 젤뜨꼬프의 아파트를 찾아냈다. 회색
눈에 은빛 안경을 낀 매우 뚱뚱한 노부인이 나와 어제처럼 물었다.

―"누구를 찾아오셨나요?"

―"젤뜨꼬프씨요"

―공작부인이 말했다.

그녀의 옷, 모자, 장갑, 그리고 품위 있는 어투가 아마도 아파트의 여
주인에게 강한 인상을 심어 준 것 같았다. 그녀는 열심히 이야기했다.

―"어서 들어오세요, 어서요. 바로 왼쪽 첫 번째 방이에요, 그런데 거기
에... 지금... 그는 그렇게도 빨리 우리 곁을 떠나갔지 뭐예요. 공금 횡령이
뭐가 어때서. 저에게 귀띔이라도 해줬더라면 좋았을 걸. 당신도 아시다시
피, 독신자들에게 임대차로 아파트를 빌려주면서 남는 게 뭐가 있겠어요.
그래도 대략 600-700루블 정도는 제가 모아서 그에게 줄 수도 있었을 텐
데. 그는 정말 매우 좋은 젊은이였죠, 마님. 8년 동안이나 이 아파트에서

지냈지만, 그는 제게 있어 하숙인이 아니라 친아들과 같은 존재였어요."

그때 베라는 방문 앞에 놓인 의자에 앉았다.

－"나는 고인이 된, 당신 하숙인의 친구예요."

－그녀는 한 마디 한마디 적당한 말을 골라 가며 말했다.

－"그가 생의 마지막 순간에 무엇을 했고, 무슨 말을 했는지에 관해 얘기 좀 해주세요."

－"마님, 우리 집에 두 신사가 찾아와서 매우 오랫동안 이야기를 나누었지요. 그들이 그에게 농업관청의 관리직을 제안했다고 나중에 이야기하더군요. 그 다음 전화기로 달려갔던 그는 기쁜 표정으로 돌아왔어요. 그후 두 신사는 떠났고, 그는 앉아서 편지를 썼지요. 그리고선 밖으로 나가 우편함에 편지를 넣었고, 그 다음 우리는 어린이용 권총이 발사되는 듯한 소리를 들었죠.. 근데도 우리는 전혀 개의치 않았지요. 7시에 그는 항상 차를 마셨어요. 하녀 루께리야가 그의 방에 가서 노크를 했지만 그는 아무런 대답도 하지 않았죠. 다음에 한번 더 노크하고, 또 한번 더 노크해봤지만 역시 아무 말도 없더군요. 그래서 하는 수 없이 방문을 부시고 들어가 보니 그는 벌써 죽어 있었어요."

－"팔찌에 관해 뭐 아시는 것 있으면 얘기해 주세요."

－베라 니꼴라예브나가 물어보았다.

－"아, 아, 팔찌... 제가 미처 깜박 잊고 있었군요. 그런데 당신이 그걸 어떻게 아세요? 그가 편지를 쓰기 전에 저에게 와서 '당신은 카톨릭 신자

인가요?'라고 물어보기에 제가 '그래'라고 대답했죠. 그랬더니 그가 이렇게 말하더군요. '당신들에게는 아름다운 관습이 있죠. 성모 마리아상에 반지나 목걸이 같은 선물을 걸죠. 그래서 말인데 제 부탁 좀 들어주세요. 당신이 이 팔찌를 성상에 걸어 줄 수 있나요?' 저는 그렇게 해주겠노라고 약속했지요."

-"그를 좀 볼 수 있을까요?"

- 베라가 물었다.

-"그럼요, 그럼요, 마님. 바로 왼쪽 첫 번째 문이 그의 방입니다. 오늘 부검실에서 그를 데리고 가려 했지만, 그의 남동생이 그리스도교식으로 그의 장례식을 거행하길 원했지요. 들어가 보세요, 들어가 보세요."

베라는 용기를 내어 방문을 열었다. 향냄새가 나는 방에는 세 개의 양초가 타고 있었다. 방에 비스듬히 놓인 탁자에는 젤뜨꼬프가 누워 있었다. 그의 머리에는 마치 누군가가 일부러 그렇게 해 놓은 것처럼 작고 부드러운 베개가 받쳐진 채 매우 낮게 숙여져 있었다. 감겨진 눈에는 깊은 거만함이 서려 있었고, 입술은 마치 그가 삶과의 이별 앞에서 모든 고민을 해결할 수 있었던, 어떤 심오하고도 묘한 비밀을 안 것처럼 행복하고 평온하게 미소 짓고 있었다. 그녀는 푸쉬킨과 나폴레옹과 같은 위대한 순교자들의 얼굴에서 보았던 것과도 같은 평온한 표정을 떠올렸다.

-'괜찮으시다면, 마님, 전 이만 나가볼까요?'

-무엇인가 매우 비밀스런 것을 감지했다는 듯한 어조로 노부인이 말했다.

─ '예, 내가 조금 후에 당신을 부를게요.'

─ 이렇게 말하면서 베라는 자켓의 작은 옆 주머니에서 크고 빨간 장미를 꺼내 왼손으로는 시신의 머리를 조금 위로 들어올리고, 오른손으로는 그의 목덜미 밑에 꽃을 놓았다. 그 순간 그녀는 모든 여성이 꿈꾸는 바로 그런 사랑이 자신의 곁을 스쳐 지나갔다는 것을 알아차렸다. 그녀는 영원하고도 특별한 사랑에 관해 말했던 아노소프 장군이 떠올랐다. 그리고 고인의 이마에 흘러내린 머리칼을 양쪽으로 넘기고서, 그녀는 손으로 진하게 그의 관자놀이를 꼭 끌어안은 채 그의 축축하고 차가운 이마에 매우 다정하게 키스했다.

그녀가 방에서 나가자마자 아파트의 여주인은 그녀에게 다가와 아부하는 듯한 폴란드식 어조로 말했다.

─ "마님, 저는 호기심 때문이 아니라 당신이 다른 사람들하고는 좀 남다른 데가 있다는 걸 느꼈어요. 고인이 된 젤뜨꼬프씨가 죽기 전에 말했지요. '만일 제가 죽게 되어 어떤 부인이 저를 찾아오시면, 그녀에게 베토벤에게 매우 훌륭한 작품이 있다는 것을 좀 전해 주세요...'라고 말이죠. 일부러 저에게 이렇게 메모까지 남겼다니까요. 여기요..."

─ "보여주세요."

─ 이렇게 말하면서 베라 니꼴라예브나는 갑자기 울음을 터뜨렸다.

─ " 죄송합니다, 죽음의 인상이 너무나도 고통스러워 참을 수가 없군요."

그리고 그녀는 익숙한 필체로 쓰인 글자를 읽었다.

L.van Beethoven. Son. No 2, op.2. Largo Appassionato.

XIII

저녁 늦게야 집으로 돌아온 베라 니꼴라예브나는 집에 남편도 남동생도 없다는 사실에 기뻤다.

그 대신 피아니스트 젠니 레이쩨르가 그녀를 맞이해 주었는데, 자신이 보고 들은 것 때문에 흥분된 베라는 그녀에게 달려가 그녀의 아름답고 긴 손에 키스하면서 외쳤다.

－"사랑스런 젠니, 나를 위해 뭐라도 좀 연주해 줘요."

－그리고선 곧장 방을 나가 화원의 벤치에 앉았다.

그녀는 젠니가 고인이 된 우스꽝스러운 성을 지닌 젤뜨꼬프가 부탁했던 소나타 2번의 바로 그 부분을 연주할 것이라는 것을 조금도 의심하지 않았다.

그녀는 바로 그 부분을 연주했다. 그녀는 첫 화음에서부터 그것이 깊은 뜻이 담긴 단 하나의 특별한 작품이라는 것을 알아차렸다. 그리고 그녀의 영혼이 마치 양분되는 것만 같았다. 단번에 그녀는 천년에 단 한번 나타나는 그 큰 사랑이 그녀 곁을 지나갔음을 느끼고 있었다. 아노소프 장군의 말을 떠올리며, 왜 그 사람은 내가 원하지도 않는 베토벤의 작품을 들으라고 했을까? 라고 자신에게 물었다. 그리고 그녀의 머리 속에는 단어들이 조합되고 있었다. 생각 속에서 마치 시 구절과도 같은 '당신의 이름이 거룩히 여김을 받으소서' 라는 말이 음악과 함께 동시에 어우러지고 있었다.

<바로 지금 저는 당신에게 기쁘고도 평온하게 고통 받고 살다가 자살한 삶을 감미로운 음악으로 보여드릴 겁니다. 저는 불평도, 비난도, 아픔도 모릅니다. 저는 당신 앞에 기도문 하나를 바치겠습니다. '당신의 이름이 거룩히 여김을 받으소서.'

그래요, 저는 고통, 피와 죽음을 예견하고 있어요. 그리고 영혼과 육체를 떼어놓기란 어렵다고 생각하지만, 아름다운 여인이여, 당신에게 찬미가, 열정적인 찬미와 온화한 사랑이 깃들기를 바랍니다. '당신의 이름이 거룩히 여김을 받으소서.'

당신의 행동, 미소, 시선, 발소리를 기억합니다. 저의 마지막 추억은 달콤하고 평온한 아름다운 우수로 사로잡혀 있습니다. 그러나 저는 당신을 슬프게 하지 않을 겁니다. 혼자 떠나는 저는 아무 말 없이 신에게 그리고 운명에 순응할 것입니다. '당신의 이름이 거룩히 여김을 받으소서.'

죽음 직전의 서글픈 순간에 저는 당신에게 기도 드릴뿐입니다. 삶은 저에게 아름다울 수 있었을 것입니다. 한탄하지 마세요, 가여운 심장이여, 한탄하지 마세요. 영혼 속에서는 죽음을 불러내지만, 심장 속은 당신에 대한 찬미로 가득 차 있습니다. '당신의 이름이 거룩히 여김을 받으소서.'

당신과 당신을 에워싸고 있는 사람들은 당신이 얼마나 아름다운지를 모르고 있습니다. 시계가 울리고 있습니다. 시간이 되었어요. 죽으면서, 저는 삶과의 슬픈 이별의 순간에도 역시 노래할 것입니다. '당신에게 영광이 있기기를!'

모든 것을 겸허하게 만드는 죽음이 다가오고 있지만, 저는 말 합

니다. '당신에게 영광이 있기를!'>

베라 공작부인은 아카시아 나무에 기대어, 나무줄기를 잡은 채 울고
있었다. 나무가 부드럽게 흔들리고 있었다. 가벼운 바람이 불어왔고, 마
치 그녀에게 동감이라도 하는 듯 나뭇잎들이 바스락거렸다. 별 모양의
연초들이 강렬한 냄새를 풍겼다... 그리고 그때 마치 그녀의 슬픔을 달래
기라도 하듯 아주 멋진 음악이 계속 연주되고 있었다.

<진정하십시오, 사랑하는 여인이여, 진정하세요, 진정하세요. 당
신은 저를 기억하고 계십니까? 기억하고 계세요? 당신은 진정 저
의 유일한 마지막 사랑입니다. 진정하세요, 저는 당신과 함께 할
것입니다. 저에 대해, 그리고 제가 당신과 함께 할 것이라는 것
을 기억하십시오. 우리는 단 한순간 사랑했지만, 앞으로도 영원히
사랑할 것이니까요. 당신은 저를 기억하고 계십니까? 기억하고
계세요? 기억하고 계세요? 지금 저는 당신의 눈물을 느끼고 있습
니다. 진정하세요. 저는 이렇게 달콤하게, 달콤하게, 달콤하게 잠
에 빠져들고 있습니다.>

이미 연주를 끝마치고 방에서 나온 젠니 레이쩨르는 온통 눈물에 젖
어 벤치에 앉아있는 베라 공작부인을 보았다.

- "무슨 일 있어요?"

- 피아니스트가 물었다.

감정이 북받쳐 오른 베라는 눈물을 글썽이며 젠니에게 달려들어 그녀
의 얼굴, 입술, 눈에 키스하며 말했다:

－"아니에요, 아무 일도. 그가 방금 나를 용서했어요. 다 잘됐어요."

● 옮긴이 ●

● 김세일　　- 고려대학교 노어노문학과 졸업
　　　　　　- St.Petersburg 국립대학원 졸업(문학박사)
　　　　　　- 현 중앙대학교 노어학과 교수.

● 김홍중　　- 중앙대학교 노어학과 졸업
　　　　　　- St.Petersburg 게르쩬 국립사범대학교 대학원 졸업(문학박사)
　　　　　　- 현 중앙대학교 노어학과 출강

꾸쁘린 선집 2　**술라미/석류석팔찌**

• 초판 인쇄	2005년　06월 1일
• 초판 발행	2005년　06월 1일
• 지 은 이	꾸쁘린
• 옮 긴 이	김세일·김홍중
• 펴 낸 이	채종준
• 펴 낸 곳	한국학술정보㈜
	경기도 파주시 교하읍 문발리 538-2
	파주출판문화정보산업단지
	전화　031) 908-3181(대표)·팩스　031) 908-3189
	홈페이지　http://www.kstudy.com
	e-mail(e-Book사업부)　ebook@kstudy.com
• 등　　록	제일산-115호(2000. 6. 19)
• 가　　격	10,000원

ISBN　　89-534-2460-7 93790 (paper book)
　　　　89-534-2461-5 98790 (e-book)

.